The kazdin method for parenting the defiant child

最新修訂版

正面教養，我把孩子變乖了

美國兒童心理學大師 艾倫・凱茲丁 / 著

莊綉雲 / 譯

新手父

目錄

自序／❽
前言　正面教養，教出有品格的好孩子！／❾

1 教養的七大迷思

迷思一：處罰可以用來改掉孩子的壞行為？／3
迷思二：不斷提醒孩子，才可以產生較好的行為？／7
迷思三：跟孩子解釋為何某項行為是錯的，就可以讓孩子停止那項行為？／9
迷思四：過多讚美只會寵壞小孩？／10
迷思五：孩子做個一、兩次，就表示孩子以後就能上手了？／12
迷思六：我的其他小孩並不需要特殊訓練，所以這個小孩當然也不需要？／14
迷思七：孩子表現出來的行為，目的是想操控一切？／16

2 有效教養的六大原則

有效教養的六大原則 …… 20
原則一：逆向的正面思考＊鼓勵好行為取代不好的行為／20
原則二：強化正面行為＊不斷地嘉獎好行為／21
原則三：加強練習＊讓孩子重複——表現好行為、獎勵——模式／23
原則四：具體化＊把複雜的行為分解成一個個步驟／23
原則五：消滅不當行為＊漠視會比處罰效果好很多／25
原則六：ＡＢＣ法則結合併用＊讓孩子的行為變得可預期／26
正向教養法常見問答／27

3 學齡前的孩子：愛亂發脾氣、扔東西

學齡前的孩子：愛亂發脾氣、扔東西——在對的時機用對的方法 …… 36
界定問題及逆向的正面思考＊找出孩子問題行為，並提出重塑的目標／37
立刻處理問題＊針對最嚴重的行為，一次一個就好／39
第一週計畫可以預期什麼？＊期待不需太高，有改變就可以／52
成功的關鍵＊讚美絕對是最重要的／54

4
六至十二歲的孩子
——小霸王、上學遲到、兄弟姊妹吵架、不愛做功課……61
超市小霸王＊從不給糖就搗蛋變成乖就有糖吃／64
上學遲到＊從賴床變成聽到鬧鐘就起床／69
兄弟姊妹吵架＊從動不動就吵變成和睦相處／79
逃避功課＊從愛寫不寫變成順利完成作業／82
讓老師一起參與計畫＊卡片制度掌握孩子在校表現／86

5
前青春期的孩子
——態度惡劣、語言粗俗、單獨在家及其他問題……88
以前瞻性的眼光看待孩子＊做好心裡建設迎接孩子成長／90
這些孩子是怎麼了？＊同儕的影響力超過父母／91
挑戰規範＊只不過想擴大自由的尺度／96
家庭價值觀＊固定的家庭活動可拉近親子距離／100
妥協的藝術＊在底線之前，考慮適時妥協的可能／102
適用於前青春期的方法＊點數表也該改頭換面了／103

態度不佳＊從火爆小子變成禮貌天使／104
自己在家＊沒有父母看管也能不逾矩／110
和孩子商量＊父母保持彈性親子好溝通／112
發脾氣與日常生活＊在平時就該保持溝通管道暢通／114

6 如何適當處罰——最常被誤解、誤用及濫用的教養方法 118

多種導致處罰迷思的動機＊不打不成器只會打壞孩子行為／120
處罰的作用與副作用＊一次比一次嚴重的飲鴆止渴／121
如何適當處罰＊處罰應搭配鼓勵正向行為加強計畫／124
普遍的處罰方法：隔離＊最好不要太長、太密集／132

7 特殊狀況——如何帶出好行為，同時改善一個以上的孩子的不當行為 138

幫助啟動好行為＊只要有了開始，行為就有希望改變／139
分享成果＊分享獎勵讓孩子有成就感／145
團體計畫＊善用同儕力量效果倍增／150
低頻率不當行為的計畫＊使用模擬練習來製造足夠的機會／152

8 給父母的教戰手冊……159
什麼時候需要教戰手冊＊行為不如預期時，先想哪裡錯了／161
常見的難題（以及快速矯正）＊千萬不要動不動就給獎賞／162
教戰手冊的原則＊千萬不要訂過高的標準與期待／163
一般性問題＊偶爾失控或中止不會影響計畫／172
更棘手的問題＊不要動不動就用特殊方案／173

9 幫助孩子越來越完美……175
繼續保持好行為＊當行為變成習慣，就不需要靠獎勵了／176
停止計畫＊讓嘉獎方式斷斷續續或延後／179
轉移行為到新情況＊請相關情境的人提供協助／181

10 教養壓力與家庭混亂……198
教養壓力＊孩子的壞行為對父母造成不同程度壓力／199
教養壓力對於父母和孩子行為的影響／202
壓力對依附關係的影響＊讓父母變得更專制與衝動／203

如何處理教養壓力＊保留專屬父母的時間與朋友／204
壓力研究與家庭案例＊高壓家庭影響撫養孩子的態度／205
家庭的混亂狀況＊吵雜、活動多、無法掌握成員行蹤／208
建立家庭秩序＊作息愈是固定，愈少產生混亂的狀況／210
多少命令算太多？／211
尋求專業協助＊當你喘不過氣來，治療可幫你恢復平靜／214

11 **為孩子尋求援助**……217

何時及為什麼計畫不能改變行為／217
藥物與飲食＊要視孩子的問題選擇最小的傷害／222
為孩子尋求協助＊選擇效果最好、花費較少、限制較少的方法／226

結論——正面教養法……235

附錄　適合不同年齡層孩子的獎品範例／247

自序

雖然封面上的作者放上了我的名字，但本書其實是許多人努力與經驗的結晶。依照大部分定義，科學是集體事業；我們再三加以試驗其他研究者及自己的見解與發現，嚴謹地提升知識，而我對於改變兒童行為所研發的方法，是經過豐富與複雜的網絡通力合作的結果。

在我的職業生涯當中，曾經直接和六千名兒童、四千名父母、五千名教師、三千名治療師，以及科學研究者、學者及臨床醫師共同合作或觀察別人。

我的研究受到美國國家心理研究中心（National Institute of Mental Health）、美國瑞芬戴爾基金會（Rivendell Foundation of America）、強森基金會（Robert Wood Johnson Foundation）、格蘭特基金會（William T. Grant Foundation）、羅文斯坦基金會（Leon Lowenstein Foundation）及其他機構大力支持與肯定，耶魯大學、賓夕凡尼亞州立大學、匹茲堡大學醫學院、西北大學引薦給我配合度高的家庭及令人激賞的同仁與學生，並給予我熱心的支持。維達健康傳播公司（Vida Health Communications）將我的研究拍成影片而賦予新生命，所有這些機構與個人對我的研究發展甚至對本書都有所助益，我由衷感謝他們；尤其特別要感謝耶魯教養中心和兒童行為門診部優秀的醫護人員。

為了保護父母與孩子的隱私，本書中的人名及鑑定出的特質已經過更改。

前言
正面教養，教出有品格的好孩子！

——四歲孩子亂發脾氣的次數愈來愈多、一次比一次囂張，他們開始成為左右家庭生活的主宰者，現在不只是大吼大而已，摔東西、打人、亂踢樣樣來。就寢時間亂發脾氣是可以預料的，這是擾亂家庭生活最常見的壞行為，可是孩子也可能把家醜在馬路上公然演出。早上把孩子放在托兒所時，他老是使性子，害你上班常遲到。好幾次在超市、餐廳及家人團聚等公開場合上，孩子的驚人之舉令你束手無策，你相信別人必定把你當成是無能的父母，漸漸地你也開始懷疑別人的看法是對的，更可悲的是，你覺得情況已經超乎自己能控制，而這樣的看法不得令你心驚，逐漸失去指導孩子、家人的信心，同時，你也失去了原有的好脾氣。

＊ ＊ ＊

——你希望九歲的孩子合作點，不要老是唱反調，其實你也不是要他盲從，只要孩子能多多配合就好了，可他就好似存心跟你做對般，從早上起床上學到做功課，還有吃晚餐、玩電腦或電視時間，沒有一件事情順利。有時候孩子堅持擁有絕對的自由和自主權，而且不停地和姊姊爭吵。難道你家裡能有一點點的平靜也算是非分要求？你已經疲於應付定家規、試著了解孩子的觀點，也沒有力氣使用那些沒什麼效果的管教方法，坦白說，你已經受夠孩子了。你很納悶，為什麼自己偏偏不是那個有乖巧、聽話孩子的幸運者。

＊　＊　＊

——十三歲的孩子老是給你找麻煩，有幾次他偷了東西、破壞物品，最令人擔心的是藐視父母的權威。你告訴自己，這只是過渡時期，孩子只是處於青春期的正常少年，可是你不免擔心孩子可能會惹出嚴重的問題。你努力和孩子溝通，軟硬兼施，用盡方法——處罰、委婉解釋、乞求、淚眼婆娑——但通通都沒用。另一半說你太誇張了，但你總覺得是該面對這件嚴重問題的時候了。孩子的心地不錯，然而那還是沒辦法讓你稍稍感到安心，你不知道下個危機會在什麼時候爆發。

＊　＊　＊

現在，你應該在孩子闖出更大的禍之前把這些問題提出來嗎？還是應該等著看某個問題會自動消失？也許你已經開始上網找尋「亂發脾氣」、「行為偏差」的孩子資料了，發現你孩子的行為正符合一個可怕的標籤。也許你比配偶更加關心這件事情，或者正好相反，孩子的問題已經成為你們之間爭吵的根源——兩個認真的父母為了什麼是錯的、有多嚴重、如何矯正或是否該插手管教而意見不一。

你內心糾結在一起的困惑、挫敗、恐懼和憤怒，使得你和孩子相處的時間變得令人厭煩、長期對峙，甚至成為心底深處感到恐懼的家務，這種感覺令你非常不舒服。你已經在扮演一個你不認同的角色，或者已經了解自己成為那種你打死都不想當的父母：常常發怒、有時候失控的咆哮，很多時候沒效率地不斷嘮叨、威脅、處罰或者打小孩，而這個孩子曾是你深深疼惜、世上最愛的人。你覺得自己失去平衡，覺得自己好陌生，你需要更好的辦法來成為稱職的父母，但是那些可以幫助你改頭換面的方法卻對你無效：心地慈悲父母的辦法、教養手冊上建議你做的那許多方法、電視上天才保母所使用的辦法、專家們保證可以馬到成功的各種辦法，朋友以及朋友的朋友告訴你，某某人怎麼又怎麼樣難教的孩子，在使用過新的教養策略或神奇飲食或諸如此類的「妙法」後，真的改變了。實在很難想像，什麼方法對你和孩子確實有效果。

有效的解決方法

有一個確定有效的辦法，它就叫做「科學」。在多數人的日常生活當中，「科學」表示在火星上面發現水、小鳥如何散播禽流感，以及什麼東西會轉變成脂肪堆積在我們體內等這類事情。毫無疑問，這些事情都非常重要也都具有新聞價值，然而科學也已經悄悄朝了解兒童發展、兒童教養、親子互動，以及各種會影響到孩子的社交、情緒與行為調整等方面進行研究。

整體而言，在人類行為研究範圍內，有許多資料顯示有關兒童行為的特殊性。你可能很訝異聽到，科學家們已經著手研究如何對小孩下指令是最有效的方法，或科學家們嚴謹地比較獎賞好行為與處罰壞行為的有效性。例如，有七種研究告訴我們，要求孩子做他們不喜歡的事情時最有效的講話方式，包括這些非常具體的事情：刷牙、穿外套、掛電話或準時上床睡覺。顯然，只有非常少數的父母有時間或受訓練來趕上心理學的最新研究，更不必提兒童發展、神經生物學及所有相關的許多領域。不過他們可以從研究者的發現當中，獲得相當大的益處。

本書所提出的改變孩子行為的方法是以科學為基礎——從我們最近知道關於兒童行為的研究結果。我所提出的並非光憑印象的的理論或未經支持的意見，而是建立在研究與基本原則之下，因此你會明白為什麼這套方法有效。

這套方法最大的好處是，同樣的原則與技巧適合用在各種情況的兒童與青少年，討論的每件事從正常兒童發展的里程碑，如飲食、訓練大小便、睡在自己床上、不亂發脾氣，到諸如打架或偷竊等較嚴重的行為問題，即使是在有其他棘手問題的家庭，例如父母親有身體或心理健康問題，或濫用藥物、家庭暴力等，這套方法也被證明有效。只要你願意有系統地遵照這套方法來改變孩子行為，就算沒有百分之百的遵守，或只有部分使用，也將會產生效果。

首先，你必須轉移自己注意的焦點。為人父母往往把自己當成專家，要求孩子哪些事不能做，例如，我要他停止嘀嘀咕咕、頂嘴和藐視我。但我將教導你更正面地專注在你要孩子做的那些事情上，如上床時間到了，我要孩子迅速、安靜地直接上床，並且有次序地加強這項行為，直到取代你不希望的行為。

你將學習如何培養你希望的行為：孩子應該多久練習一次好行為，好讓他漸漸自然表現出這種行為；應該怎麼建立讓你希望看到的行為較常出現的情況；當孩子表現出如你所期望的行為時，該怎麼獎勵他；該怎麼讓你所期望但從沒表現過的行為更常發生；該怎麼排解疑難，改善進行得不太好的計畫。在書中，我將告訴你許多細節，因為這些細節扮演著成功還是失敗的關鍵。

在你正面加強所期望的行為時，對孩子會更加慈愛。我們往往陷入一種迷思，以為嚴肅看待孩子的不良行為時，應該用負面態度：更多處罰、標準更嚴格且「零耐性」；然而**正面的加強需要父母用另一種非常不同的方式：讚美、目的更清楚的獎勵、給予孩子更多關注**。這會使你成為更有效率的父母，將你和孩子的關係拉得更近。

使用我這套方法的父母會感覺輕鬆不少，且發現專注事業並不表示較難兼顧到孩子；對孩子更加溫和與肯定孩子，並不表示你懦弱。採用正面強化的態度在塑造孩子好行為的過程中時，能給予父母和孩子更明確與易達成的目標，同時較容易使家人平靜下來。

我這套方法並不需要你花終身心血。你為改變孩子的行為所制定的計畫，就像把一株正在成長的植物放在一個框架內，訓練這株植物健康地往上筆直成長。這株植物長得愈來愈好，一旦它可以自己站立，就可以把框架拆掉。你將不會永遠在給予點數或紀錄獎賞；事實上多數父母發現，這種全心介入的效果非常快速，而且在相當短的時間後大部分都可以持續下去。這裡要進行的是，在孩子改變行為的範圍內建立框架，一旦所期望的行為根深柢固了，就可以慢慢拿掉框架，最後把整個框架拆下。

我從哪裡找得出方法

我並非一開始就專門在幫助父母親改進孩子的行為，起初是有人向我提出問題並尋求解答時，我開始朝這方法前進。

一開始要回溯到一九七〇年代早期，當時我是西北大學的研究生。一位從事治療情緒問題兒童的門診主任問我是否可以幫助他的病患，其中我記得最清楚的病患是一名當時才五歲的女孩雪倫（Sharon）。每當有人拒絕她，或是作息稍稍有一點無預期的變動，她都會爆發可怕、威力十足的脾氣。例如，當我們說要休息一下吃午餐，雪倫就開始大發雷霆。她扔東西、咒罵、大叫。午餐前鬧脾氣是可以預期的，不過當我們在午餐前六十分鐘告訴她快要吃午餐了，然後三十分鐘之前再提醒她一次，她的情緒就較平穩，可是如果醫護人員忘了做這件事，就無法避免面臨一場火爆脾氣。

和美國各地的研究人員請教過後，我為雪倫及其他的門診病人訂定一項計畫，修改經證實對於治療成人在學習與行為方面有效果的技巧。這項計畫無法一夕間就見到神效，但的確可以逐漸看到改變及明顯而持續的效果，更重要的是，和我們合作的其他人以及其家人也都看到了改變。在雪倫的案例中，當她行為出現小小的正面改變，我們就會執行一套嘉獎制度，如此按部就班地，在短短的三個星期內完全消除了她亂發脾氣的情況。後來，當我們打擾雪倫時，她已經會露出淘氣的微笑而不是發脾氣了。結束這項計畫後，雪倫的行為持續改善著，證明了矯正計畫是短暫的，但改變卻可以是持久的。

這種治療方法無意找出問題行為的根本原因，例如說判斷雪倫火爆脾氣的最終原因。我們採行的理念是，如果你能在短期內幫助孩子改變行為，那麼假以時日，你將會改變這個孩子。這項研究顯示，用更好的回應來改掉亂發脾氣的情形，**一旦新的好行為常常被表現出來，就會影響到孩子腦部的思路，將來碰到困境時就不至於馬上怒火衝冠、出現不宜的處理方法**。

雪倫是極端的臨床案例，不過我也想要把這項研究帶給每天必須處理更多行為問題的天下父母。我對於那些所謂的「專家」所提供給無力父母親的建議感到心驚膽跳，這些無助的父母親們會抓住任何看似可以使用的辦法，但這些辦法卻很少經過驗證，告訴父母親哪些是以科學為基礎、哪些則不是，因此我開辦了教養課程，討論並傳授父母親能夠在家裡使用的改變孩子行為的技巧。我們所提到的那些行為通常只是些沒什麼大不了的事情，例如給孩子吃某種食物、使用廁所、準備上學、做功課、練習彈奏樂器、和兄弟姊妹愉快地玩耍、愛惜物品，以及不要戲弄或傷害寵物。這些計畫不見得每項都成功，尤其是剛開始的時候，不過我們不斷地評估是否發生改變，以及是否更快發生改變，然後調整計畫、評估進步情況，並再次調整。

我也開始和學校合作，當我搬離芝加哥，於賓夕凡尼亞州立大學謀得職位，我把過去曾經幫助兒童的學習經驗用在那裡。由於行為研究已經跳脫實驗室範圍，有意義地應用到人類現實生活，而且由於身體研究的建立，提供我們更多的知識來面對挑戰。

我們開始教導父母們**「引導孩子往好的方向走」**,而非用吼叫、愛心拍、解釋或其他注意孩子的方式,這樣反而不自覺地強調不希望出現的那些行為。身體的科學研究發展開始顯示決定性的結論:父母親在家裡所做的小小、暫時性的改變,對於孩子在家及在學校的行為卻產生極大且持續性的影響。

在賓夕凡尼亞州立大學十年後,我搬到匹茲堡大學醫學院,在那裡除了繼續我的研究及指導一名住院病人,並且繼續訓練父母親在家長期改變孩子的行為。同事和我也利用聯邦補助金研究我們思考過的教養技巧,並加以改善,使這些技巧效果更好。

一九八九年,我在耶魯大學取得教職,把我的門診也搬到那兒,在我主導的耶魯教養中心和兒童行為門診部繼續研究,同時擔任心理學與兒童精神病學教授,有四年時間在耶魯大學醫學院兒童研究中心主持大型研究和臨床試驗。在這些職務當中,耶魯教養中心和兒童行為門診是最實用的,工作人員和我看見兩歲至十六歲兒童的家人,在家裡及社區中進行改變兒童行為的計畫。每星期有五天時間,我們和需要協助的父母及他們的小孩共同合作。有些家庭帶來的小孩是由學校、其他心理健康服務單位或執法機構委託的,這些小孩有嚴重的問題,不過至少有一半來這兒的父母遭遇的困難較不嚴重,他們只是想尋求我們的幫助,阻止小孩出現過分的爭吵和胡鬧,或者想讓孩子做家事、承擔更多責任,或不要常常撒野。

我們知道怎麼幫助他們,協助家人打破那些造成行為乖張的孩子對抗精疲力盡的父母的循環,直到單方或雙方讓步為止。

提供正確、有效的方法

我花了三十年以上的時間改進我的方法——三十幾年的調查、學術研討會、臨床應用以及持續不懈的研究。我寫過或者和別人合著過四十四本書籍，以及將近六百篇文章和報告，可惜幾乎都只是針對我這個領域的其他專業人士發表，現在終於可以擴大範圍，將這方面的文字內容提供給可能最需要的讀者閱讀。

我們該怎麼把這種技術（因為這是科學支持的方法，製造許多足以信賴的結果）交到人們手中，好讓他們能夠拿來使用?儘管研究人員發明了小兒麻痺疫苗，半個世紀後仍然有孩子因為小兒麻痺症而殘廢或死亡，在想起這件事情時，我內心感覺嚴肅而激動。如果研究的目的是為了幫助別人，就應該將研究成果廣為傳播。品行不端並不像小兒麻痺症那般可怕，但是品行不端的普遍性遠遠超過小兒麻痺症。（有時候品行不端本身也是非常可怕的，孩子品行不端最壞的情況——行為失序、精神病診斷為非常富攻擊性及反社會行為——是非常昂貴、普遍且持久的問題，影響了數百萬個家庭。）科學家們（包括我）努力得還不夠，他們的相關發現還無法解除父母親的煩惱。我寫的這本書是以實用型態，提出科學專門知識的精華，幫助你用來了解自己家中的行為問題。

本書裡面提供許多建議及治療方式。來我門診的父母，他們的腦海中已經浮現著好的、壞的和不相關的教養知識，有時候他們已經試過其他治療，包括確實有效的一些粗淺的方法，但是這些治療並沒有太大幫助。

我可以體會這些父母的心情，治療兒童與青少年的方法有五百五十種，其中有九成以上並未經過嚴密的科學試驗，我們實在不知道那些方法是否有效，但是倒也沒見過針對「這種方法是以什麼為基礎？」做公開的強烈抗議。對於市面上的這些治療方式並沒有一個可以加以控管的機制，例如像新藥物在美國上市時就需要通過「食品暨藥物管理局」的認可程序。通常會受到採用的都是已知有效果的，但少數幾種被普遍接受的治療方法其實會讓行為更加惡化。

這種情況是心理健康專業人士的疏忽，而非父母；父母們只是從他們面前洶湧流過的權威資訊中，選擇他們覺得可行的辦法。我正在做的是盡一己之力，以期改變我的專業領域內的缺失。身為擁有十五萬名會員的美國心理學會會長，我其中一個主要目標就是鼓勵臨床工作能在近期內朝向更加可信賴的科學標準進行。

然而在市面上仍充斥著拙劣的建議，例如，有一本流通多年的教養書籍主張，如果短時間的隔離沒有效果，可以繼續提高賭注，延長時間，即使必須採行四個鐘頭以上的所謂「怪獸隔離」。然而研究顯示，更多嚴厲的處罰並不會使得孩子的行為大幅改變。如果你常使用且延長隔離時間，意味著你的方法遲早會失敗；結果情況不是逐漸改善，事實上正好相反。本書將告訴你，你應該採行更多正面的強化好行為的方法來取代不想要的那些行為。

許多專家對於隔離的說法是，給孩子隔離可以讓他想想自己惹出的麻煩，這對於隔離是完全誤解了，因為隔離根本不會讓孩子反省。從動物研究證明，隔離用沒有認知能力的哺乳動物是有效的，隔離只能在短期內轉移注意力。讓孩子思考事情，從許多理由來看的確是好的，然而這並不是可以改變孩子的行為的方法；相反地，讓孩子做不同的事情，將會改變行為以及孩子對於這件事的想法。

本書除了教導實用技巧，還能加強你具備批評的眼光來閱讀教養建議。不好的建議產生的最危險後果，或許是使得父母在追求有效解決對策中感到洩氣。有些不好的建議表面上看起來卻好像不錯，且是經過證實的。各種專家都會告訴你，要讚美孩子或製作點數表，使用隔離來取代嚴厲的處罰，但這些專家根本沒注意到如何讓這些方法有效進行的優良研究報告，而且未有系統地把這些對策和為什麼有效的原因加以結合，這種對策鼓勵強化練習而使得方法有效（我會在第一、二章詳細說明）。成功與失敗取決於細節，而科學家們對於這些細節已經用更精確的方式在研究，我希望讀者能夠從正確方法中受益。如果你碰到普通、令人留下印象但並非基於良好科學的建議，而且你使用了，卻無法改變孩子的行為，你可能認為讚美、點數表或隔離這些方法根本沒效果，那真是遺憾，因為在正確使用的情況下，這些的確都能產生很好的效果。

本書就是在說明正確的進行方法，**我的主要目標是以實際、有效率的方法，把科學放進處理過程中，使你能夠改進孩子的行為**。

輕鬆面對孩子的問題

在正式開始之前我想說明，培養一些觀察力是很重要的。你的孩子大部分可能完全正常，也就是說他在許多方面都很棒，但偶爾出現不禮貌的行為（研究顯示，即使是中規中矩的孩子也只有在百分之八十的時間乖乖聽話）。

孩子也是人，人們對於本書中所教的正面加強的方法都會有反應，這招真的有效。我們的研究顯示，即使是像行為失序這種嚴重的案例，其中有八成的孩子對我的方法也會有不錯的反應；即使是你面對孩子最惡劣的時刻也有很好的機會可以改善。

振作起來吧，要知道孩子有時候並不像我們所塑造出來的那般脆弱，不要再煩惱因為較不完美的教養，使孩子身上留下永久的「心理傷痕」，畢竟不完美的教養是必然的。把孩子的行為視作習慣與例行事務的綜合體，要改變這些習慣與例行事務永遠都不嫌晚，只要藉由強調不同的事就可以達成，當你改善了孩子的行為，同時也給孩子與自己一個機會。

我把這本書當成可以讓你用來建立更好的家庭生活資源，它揭露了父母與孩子如何看這個世界和他們自己，以及孩子與父母對問題行為通常是如何表達自己的看法。我已經萃取科學精華並注入實用的引導，例如父母與孩子之間的對話，並且解釋為什麼某種對話會是有效的，另一種對話又為什麼無效。

而且，我把實用問題的回答方式列為非常重要的內容，像**「如果我今天想使用這些方法，到底該怎麼做？」**或**「我究竟應該說什麼？」**

即使是我們都會用到的最普通和通常沒什麼疑問的做法，從解釋到嘮叨、處罰，科學研究都有明確及通常令人驚訝的事情要說。所以，保持開闊的胸懷，你要的幫助就在這本書裡，而且這也是科學所能提供最好的幫助。

1 教養的七大迷思

我的大女兒應該在床上準備睡覺了，可是我站在小床旁邊，受到這個小生物的吸引，感到驚訝而愉快。她正在蠕動，發出陣陣聲音，並且盯著我看，一點也沒有想要睡覺的跡象。我太太進入房間，火大地噴出兩個問題：「你在做什麼？」「這就是哄她睡覺的法子嗎？」她用夫妻之間非科學性的簡短表達，指出我站在那裡只是在注意女兒的行為——蠕動、發出聲音、東張西望、保持清醒——而且還鼓勵這些舉動。身為臨床兒童心理學家、研究人類行為的科學家，我知道不應該這樣做，畢竟，我將時間奉獻在教導父母親們如何塑造他們希望孩子表現出來的行為上，以及停止強化他們不希望出現的行為。結果我卻很自然地站在那兒，呆頭呆腦地看著我可愛的寶貝女兒，即使這樣做是在獎勵她不要睡覺。

有時候撫養孩子，最自然的表現就是最好的效果。父母很自然地急著想要對孩子表現熱情，這樣做是件好事。每個擁抱或親吻、每個溫馨的字眼，在幫助孩子建立信心、安全感和自尊等方面確實是很重要的。父母的愛可以增進親子關係，也有助於孩子和別人建立關係。事實上，擁抱能促進腦部發育，這是父母與孩子之間溫暖的身體接觸的益處之一，教養孩子除了處理行為之外，還有其他許多方面的事。注意強烈想要擁抱孩子的自然慾望，而且應該常常留意，這是身為父母的你所能做的最好的事情。

但談到塑造及改變孩子的行為，對父母而言，最簡單及最自然的事情往往不是效果最好的。在正常的家庭生活中，讓父母親感到挫敗的不只是孩子粗魯的行為，塑造不當行為的無力感也是原因之一。我們並非不稱職的父母；談到行為問題，我們多數人都有一些共同的基本直覺，假設為人父母的我們如果不做某些事情，孩子會更好。我們直覺地把處罰當成改變行為的一種選擇；我們嘮叨不停，就像雜亂的廣播電台，講些沒有效果的話，我們不停地跟孩子解釋，為什麼他們應該表現得更好，我們緊張兮兮地專注在希望孩子改掉的行為上，因此忘了讚美與強化我們希望孩子表現的行為。

我們會這樣說：**「我明白你知道怎麼使用廁所／自己穿衣服／整理房間／做功課！你以前就曾經做過！」**

我們甚至會這樣想：**「比你年紀還小的弟弟／妹妹／表弟妹／朋友，使用廁所／自己穿衣服／整理房間／做功課都沒問題，你是怎麼了？」**

我們相信行為不合宜的孩子「只是需要一點技巧處理」。

但每個我們所習慣的假想都是錯的，我將教你一套新的基本假設，從三十幾年來的科學研究，及合作過的家庭傳授給我關於如何改善孩子的行為，萃取出一套更有效的新教養直覺。這些修正過後的基本教養方法很簡單，要掌握這些技巧並不難，不過剛開始你可能會覺得和直覺恰好相反。在你學習新的習慣時，你會打破舊的、無益的習慣，所以，在這一章中，我想藉由說明某些沒有事實根據的教養觀點，以及我們自以為是的想法、都是會將我們撫養孩子的觀念導向錯誤的途徑。

迷思一：處罰可以用來改掉孩子的壞行為？

父母親們往往以為處罰孩子可以「傳遞一種訊息」使孩子得到教訓，因此在想要改變孩子行為時，處罰往往是父母親第一個也是最後一個選擇。任何時刻你根據教養型態和心情來決定隔離、取消福利及大叫「住手！」或者表現出非語言性的惱怒方式，例如瞪白眼和發出嘆息。你可能像大部分的父母親一樣，剛開始用較溫和的處罰方法，後來的處罰會愈來愈嚴厲。不管是溫和或嚴厲，冷靜或憤怒，有條不紊或胡亂地，你發現自己動不動就處罰孩子，如果沒有處罰，也可能威脅孩子要處罰他們。

處罰並非一無是處，在後面的章節中我們將會討論到，處罰有它的用處，可是一次又一次的研究證實，通常在家裡採用的處罰方式對於改變行為的效果相當有限，為什麼會這樣？因為處罰沒辦法教孩子該做什麼，也沒辦法獎勵孩子去做被期待的行為——獎勵是讓孩子去達成事情的唯一有效方法。處罰也會產生不好的副作用，使你更加難以改進孩子的行為：處罰增加孩子的侵略性，逼迫孩子逃避你，很快就讓孩子適應處罰方法，因此也使得處罰發揮不了效果。

早在孩子還很小的時候，父母往往就陷入處罰的泥沼，通常是像這種情況：孩子真的做了某件令人生氣或不好的事情：揍他妹妹、打破燈，或只是尖叫、嘀嘀咕咕，所以你處罰了他，於是他馬上停止，這種停止壞行為的處罰經驗對你產生很大的影響，下次不好的行為發生時，你可能就使用處罰方式，而且永遠都會有下一次。非常多的科學研究證實，受到處罰而短暫制止的行為，通常會在幾小時或幾天以同等速度再次產生。所有的處罰的確能一時制止行為——那也不賴，可是你大概覺得自己做到的事情不只是短暫的制止。當孩子適應了這種處罰，不希望發生的行為往往會更快恢復。短時間的制止效果可能持續兩個鐘頭，很快就變成九十分鐘，然後一小時等等。

你開始逐步擴大處罰尺度，畢竟，如果施用一點點的處罰就能達到很好的效果，更多的處罰必定效果更佳，不是嗎？如果你採取隔離，就會把時間延長；如果你沒收玩具或取消某些權利，你將沒收更久的時間；如果你吼叫，就會吼得更大聲、更長，然後你的臉上將出現鄙夷的神情；最後可能你會變本加厲變成經常性的體罰，或者你會抓住孩子的肩膀搖晃著，或粗魯地把孩子推開，害他跌倒，或掌摑孩子耳光。你絕非唯一會這樣的人，九成以上的美國父母親表示曾經打過小孩的屁股。

每次處罰孩子時可以阻止孩子做出那種行為一陣子，孩子當下也許會哭並表示後悔。根據我們的研究，父母常常把這種哭泣或哀嚎誤解為「我很抱歉！」的跡象，表示處罰達到效果了。別高興得太早，孩子對於處罰的抗拒會隨著演變為嚴厲處罰的速度而增加，或者抗拒的速度更快些。所以你愈來愈常處罰孩子卻落得同樣的結果：暫時停止壞行為，然後壞行為死灰復燃，而且通常比以前更糟糕。

處罰對於消除不被期待的特別行為效果並不怎麼好，倒是會產生各種行為的改變——只是通常不是你所希望的那些行為。處罰產生的明顯正面效果是即時但短暫的，然而顯示出來的負面效果卻稍微長一些，而且就長久看來，證實是不具什麼意義的。

一方面來說，處罰孩子會大幅改變父母的行為，掉入處罰的泥沼，增加處罰的次數與嚴厲程度。請記住，約百分之三十五的父母親剛開始都使用相當溫和的處罰方式，到了最後卻超出界線，達到定義上所謂虐待兒童的地步：拿東西打小孩或用力毒打等。超出界線者的高比例數字實在驚人，但改進孩子的行為上通常是失敗的，這說明了一個事實：比起改變孩子使他表現出好行為來說，處罰對於改變父母所產生的不良作用反而更大。

使用嚴厲處罰的父母親們也應該記住，**「以暴制暴」會成為孩子處理生活問題的回應方式；吼叫教導出吼叫的小孩；動不動就顯出生氣的樣子也會養出愛生氣的小孩**，以此類推。以身作則對於教導孩子的言行舉止是效果很強的方法，比處罰的效果更好。你打女兒，女兒打她弟弟，然後你又因為這件事而打女兒，大叫：「在家裡不准打人！」其實你已經為女兒立下打人的有效示範，你女兒可不是笨蛋，很快她就學會這一招，這就是為什麼那些常常打小孩的父母親，當他們的孩子生氣或嘗試解決問題時也會打同伴的道理一樣，同時解釋了為什麼對孩子大吼大叫的父母，他們的孩子想要改變同伴的行為時也會對同伴大吼大叫。研究發現，孩子們常常以父母管教他們的方法來「管教」其他孩子。

還有一點要記住，處罰一項行為仍然是種關注的形式，而任何型態的注意都會鼓勵孩子再度做出那種行為。當你突如其來為某件事處罰他，其實是在強調這種行為，尤其如果在處罰他時又長篇大論地解釋為什麼他做的事情是錯的，處罰又是如何地對他有好處。你給孩子的教訓是：在你打弟弟時，我已經密切注意到你，所以你下次想要吸引注意，就打你弟弟看看。我可能吼叫，可能生氣，還可能罵你一頓並取消你愛做的事，甚至可能打你，但是我絕對不會忽視你。

最後，處罰往往增加孩子的侵略性，以及渴望和處罰他的爸爸或媽媽離遠一點——結果產生更多不好的行為，給你更多機會處罰孩子，這樣往往是在鼓勵更多的處罰等諸如此類，而你也掉入更深的處罰泥沼中。

我的意思並非處罰一無是處，在後面的章節中我將告訴你，處罰也可以成為一小部分但是有效的計畫，產生許多你所希望的正面行為。這種有助於消除你不喜歡行為的處罰方法是溫和、簡短、謹慎地使用，如果可能的話，在問題行為剛發生時使用，如此可以在不當行為接二連三發生之前，減少不良後果的產生。偶爾在適當時機用得當的眼光或話語就能阻止不希望看到的行為，技巧地以眼光或話語也可以作為處罰或處罰前兆，而且效果非常好。可惜父母們往往等到不當行為整個表現出來了，然後給予嚴厲處罰，而且老是怒氣沖沖，這樣通常沒有效果。我將告訴你，為人父母如何以更少的處罰得到更大的效果；實際上，事情都有前因後果的。

迷思二：不斷提醒孩子，才可以產生較好的行為？

有時候當我們要求或告訴孩子做某件事情，孩子確實會按照我們所希望的去做，所以我們深信只要不斷提醒孩子做某件事，最後他們一定會做。當他們不肯做時，我們會感到挫折、生氣，大叫：「我告訴你多少次了！」好像我們多說幾次就能增加孩子做我們希望的事情的機會。事實上研究清楚顯示，說很多次比起只說一、兩次的效果更差。嘮叨反而使得我們期望的行為較少發生，過多的提醒就像處罰一樣會造成反感，促使孩子逃避給他們過多提醒的那個人。

要求或告訴孩子做某件事情的技術名詞是「**前事**」。前事是做出一項行為之前的動作，也就是為這項行為布置背景的階段。「請你打掃房間好嗎？」是前事，為孩子布置打掃房間這項「**行為**」的背景。這個順序的第三階段稱為「**結果**」。你要求孩子打掃房間，於是孩子去打掃房間，你讚美孩子或給予其他獎勵。（處罰也是種結果，不過是負面的那種，它無法產生和正面結果一樣的作用。）結果是明確的：前事（請你打掃房間）導致行為（正在打掃房間），然後導致結果（因為打掃房間而得到嘉獎），這項ＡＢＣ法則很容易記住：

- Antecedent 前事
- Behavior 行為
- Consequence 結果

可是如果你的要求（前事）並沒有導致打掃（行為）的發生該怎麼辦？如果孩子沒把你的話聽進去或就是不肯動手做又該怎麼辦？好，那就重複說一次：「**請你打掃房間好嗎？**」但是說了五十次並沒有發揮五十次的功效，孩子還是沒有意願去做你所要求的事，事實上可能去做的機會漸漸減少，為什麼會這樣？

首先，因為每次前事沒有導致期盼的行為和結果發生，前事產生行為的效果便降低了，要求或指示如果沒有直接導引出其他順序就會失去效果。事實上，下次當你要求孩子做事情，嘮叨也會減低他去做的意願。

其次，重複地提出要求通常會讓父母的行為態度變得更差，結果使得孩子更難表現出符合你期望的行為。由於你的聲音和舉止會透露出壓力：「我告訴過你幾次要打掃房間，結過你還是沒動！」如果是這樣，你幾乎注定要失敗。

強硬的說話態度會增加緊張氣氛（每個要求過孩子去做某件事情的人都知道我在說什麼）使孩子變得反感，例如處罰。孩子只不過想擺脫這個常常煩他的人。由於嘮叨孩子會造成在你期待的行為出現之前，孩子就有意逃避你，所以嘮叨是無用的。嘮叨就像是會給你副作用可是卻無法治療疾病的藥物，而不好的前事副作用（嘮叨、或是你提出的任何形式無效的要求）就類似那些處罰。

我將教你如何指示下得較少，效率卻反而提升。從兒童行為的研究中了解一些觀念，有助於減少無關痛養的提醒（指導、威脅、斥責、警告，這些在孩子聽來都只算是噪音）的數量，改進你和孩子溝通的「品質」。我將告訴你，如何用更明確、清楚、冷靜及溫和的態度要求或告訴孩子做什麼事情。

迷思三：跟孩子解釋為何某項行為是錯的，就可以讓孩子停止那項行為？

惱火的的爸媽常常發現自己重述這種話：「**你應該很清楚**」或「**我不是告訴過你不能這樣做嗎？**」儘管有很多跟孩子解釋好行為的理由，但這樣做卻不太可能改變孩子的行為，而且這種說法不只適用在孩子身上。

有性活動的成人知道性交會傳染性病，卻還是有人不做防護措施。多數吸菸、暴飲暴食和有竊盜癖的成人知道他們在做不好和傷害自己或別人的事情，卻仍繼續做這種摧毀性的行為，孩子也是如此。

不管是大人或小孩，儘管知道做某件事情是錯的，也不會自動引起不當行為的修正過程。你會對別人成天說：「**不要有種族歧視！那是不道德的！**」或說：「**節省一點！如果不這樣，將來你會後悔的！**」他們可能知道你的話是對的，可是卻不會煞有其事地改變他們的行為。

我要澄清，「解釋」在教養孩子的過程中有其重要性，對於智商發展、對於孩子邏輯思考的能力、對於教導明辨是與非都非常好，然而儘管解釋可以增進理解力，對於改變行為卻很少是有效工具。要教導像「拿別人的東西是不對的」等一般性原則，不能只是抽象地說教，還需要在特定場合加強孩子的良好行為，讓他懂得不拿別人的東西，那才是最有效的辦法。

如果你想要改變行為，研究調查告訴我們應該如何更有效率地解釋。我將教你，跟孩子談論良好行為時如何說得具體且發揮幫助，此外，如何給孩子實踐良好行為的機會，讓你可以嘉獎並強化這項行為，其關鍵在於，解釋與具體實踐這項行為雙管齊下，這樣一定可以達到目的。

迷思四：過多讚美只會寵壞小孩？

讚美是影響孩子的行為舉止最有效的方法之一，是改進行為不可或缺的要素，但也可能使行為更糟糕，其結果取決於讚美的品質，以及讚美的方法與時機。父母對孩子常常發出許多正面的評語，但是在說出這些話時卻是用傷害，甚至和他們想要改善孩子行為的初衷相反，所以儘管有時候父母說出口的讚美言詞夠多，重點是，給人的感覺好像天天到公園去那般乏味，聽到的就是「做得好！」這句話以十幾種不同的聲音重複說了幾百次，然而它所傳遞的品質卻是很不理想的，最後大多失去了目標。

你不一定得對孩子特別的行為說出鼓勵的話，給孩子擁抱、親吻或只是全心的關注都能加強這項行為，這些方法都非常有效。想想當孩子剛開始學會走路時，你如何用它們來鼓勵孩子——不過這些方法也會被誤用。例如，在你聽電話時，孩子往往喜歡提出一堆請求：「**我可以吃點心嗎？**」「**我可以出去嗎？**」「**我十二歲的時候可以養小狗嗎？**」最後你用手摀住電話發出噓聲：「**好好好，什麼都行。你不知道我正在講電話嗎？**」

理會這些請求並且作出讓步，只會鼓勵孩子打擾你聽電話的習慣。當孩子注意到在你聽電話時，提出要求可受到注意且獲得正面回應，下次在你講電話時，他可能又故技重施，那麼解決辦法呢？告訴他：「**我正在講電話，請不要問這些事情，等我講完電話之後再說。如果你要在我講電話時提出要求，答案絕對都是不准。如果等我掛斷電話之後你才提要求，我會根據你提出什麼要求來決定准或不准。**」之後你當然得言出必行，聽電話時不理會孩子。

誤導或者拙劣的傳達出讚美會造成錯誤的結果或無法達到效果。

例如，對孩子的一般特質發出讚美：「**你好聰明**」、「**妳實在是好女孩**」、「**你是最棒的**」。

而非對於你希望孩子多多表現的具體行為給予讚美：「**妳像大女孩一樣馬上就坐下來，練習彈二十分鐘的鋼琴，實在令我高興。**」

另一種沒有效果的讚美是「畫蛇添足」，父母親除了給予正面讚美，又添加了負面批評，因此減弱了效果。父母親們往往會說出類似這樣的話：「**你自己打掃房間，很好呀！**」可是後面又加句反駁的話：「為什麼你不能每天都這樣做呢？」讚美好行為的時候卻附加了隱含怪罪過去的壞行為的言詞，會使原本要強化「打掃值得稱許」這個教誨的效果大打折扣。

事實上，多數父母對孩子的行為所給予的讚美並不算太多，但是他們卻自認為很多。我們身體裡似乎有條「哎喲」導線，強調負面訊息。人類腦部似乎對於負面刺激有超高感應，遠比正面刺激的感應更強，因此父母親對於壞行為的回應比好行為還多，當父母親處在壓力下，這種情況又特別多。在臨床上我們告訴家長去「注意孩子好的方面」——尋找機會去發現孩子的好行為並且給予讚美。

有許多非常好的研究顯示，適當使用讚美是改變孩子的行為最可靠工具之一。我將告訴你，使用最有效的讚美的訣竅。這種讚美方式並不複雜，用更精確和有意義的言詞來讚美孩子才是正確方法，而非純粹只是發出「做得好！」。

迷思五：孩子做個一、兩次，就表示孩子以後就能上手了？

我們誤以為孩子已經正確表現出一種行為，以後就應該每次都知道怎麼做。研究顯示，表現出某種行為一次或幾次，並不表示孩子就可以或持續那樣的表現。表現的一致性——時常表現出這種行為——往往必須經過訓練。就拿訓練長跑健將來說，和訓練短跑是不同的，同樣的道理，訓練孩子行為一致和教導孩子在某個場合表現出正確行為是有所不同的。你有固定運動嗎？你每天都吃健康食物嗎？或許你的確想要這樣，可是通常並沒有做到，對不對？偶爾去一次健身房或偶爾大啖一次炸薯條和沙拉，都沒什麼大不了，可是如果持續做這件事就完全不同了。

身為父母，你會發現心裡這樣想或說出：**「我知道你會自己打掃房間，以前你就曾經做過。」**或**「我知道你可以自己做功課，以前你就曾經做過。」**由於孩子曾經做過這件事，父母往往就以為現在沒那樣做一定是不用心或故意的，是反抗他們的舉動。

在那種感覺下，父母對孩子會有不切實際的高度期待：**「如果你曾經自己穿過衣服一次，現在就應該會自己穿。」**當父母以為**「如果你現在不這麼做，是因為你反抗我的關係，不然就是偷懶、沒把話聽進去。」**這樣的期待將恐怕會直接導致衝突。

如果把孩子行為的一致性當成是在培養技能的活動，是一套孩子不必特別費力就能做到的動作，這樣的想法或許會有幫助。當孩子沒有表現出某項行為而被你打或被你處罰，對於培養他的行為技能並沒有幫助；當孩子做到的時候，應該用讚美和獎勵來培養這項行為。

所以如果這樣說是不會有什麼幫助的：**「難道你和弟弟兩分鐘不吵架都不行嗎？你們昨天不是相安無事地一起看這個電視節目嗎？為什麼現在就沒辦法？」**

最好是用類似這樣的話來激勵孩子，然後在孩子看電視沒有發生爭吵的時候給予讚美：**「記得你們昨天一起乖乖看電視嗎？」**

用在有意義的重複行為的辭令及獎勵就是「正面強化」，沒有一件事比得過幫助孩子自己掌控行為並且長期地確實表現出來還要重要，讓孩子自然表現出一種行為的最好方法是強化特別期（幸虧很短暫）——在延續幾天或或幾星期的時間，為孩子不斷製造機會，讓他表現這種行為並且加以獎勵。重複去做是很重要的。

如果你經常閱讀教養書刊，或許會聯想到我的教養重點可能是指貼紙表和點數表。或許你還想到：類似這樣的圖表你都試過了，還不是一樣都沒效果。也許你試過一種點數表卻沒有發揮效果，不過那多半是因為你使用了不好或不完整的建議。我會信心十足這樣說，是因為我和同事們一起花了太多時間在修正家裡、學校和機構的不良獎勵計畫。如同我將教你的許多對策，正面強化聽起來熟悉而簡單，但不代表每個人都知道正確做法。在教養過程中你不能光憑直覺去進行，因為有些成功的正面強化觀念和許多父母在撫養兒童所產生的直覺背道而馳。根據可靠的研究調查與許多臨床經驗顯示出，**使用正面強化方法的關鍵，常在於正確的細節處。**

所以我將教你如何建立嘉獎制度，如何挑選獎品，如何適當地嘉獎，如何對嘉獎計畫增加小卻有效的妙計以改善結果，還有更加重要的是，如何和孩子共同實踐該項行為，如何結合讚美與更實際的獎勵，以及如何更有效地逐漸減少你的參與，讓孩子為行為承擔愈來愈多的責任，直到他能自己達成。

迷思六：我的其他小孩並不需要特殊訓練，所以這個小孩當然也不需要？

如果我的其他小孩不需要特別訓練就知道使用廁所、用餐具吃東西或做功課，為什麼這個孩子就需要特別訓練呢?對於這個非常令人感到挫敗的問題，沒有人知道答案，也沒有人知道為什麼我們其中有些人特別擅長繪畫、數學或體能活動方面。所有人類的能力、性向和行為有很大的個人差異，這點在科學上是可驗證的事實，所以不同的孩子可能需要不同的訓練，我們也是如此。

有關父母對孩子態度的研究顯示，父母通常不了解兄弟姊妹之間或是同齡孩子之間的差異會有多大，即使是同卵雙胞胎。例如，每個人在學習速度和學習成果的差異範圍就很大。各種遺傳和環境因子都會造成這種差異，即使同卵雙胞胎也會有大不相同的頭腦，因此學習速度不同，就如同他們的指紋也都不同一樣。

讓我們想想一般的發育過程：孩子「應該」能夠做某件事的年紀。首先，男孩的發育通常比女孩慢，其次，如果平均發展是四歲，那表示有些孩子可能兩歲時做得到，其他孩子也不應該超過六歲。然而，如果討論的行為是訓練大小便，你（還有幼稚園老師）對六歲大的孩子卻還不會上廁所很可能沒耐心。

按照既定年齡並不是評估一個人能力發展的好方法。發育過程其實是過程的順序，不同的人在發育當中會有不同的速度。某些孩子的視力發育得較快，有些人的大便控制能力較快。兩個同一天成胎、九個月後同一天出生的孩子，他們的骨骼年齡差異也可能很大——骨骼年齡是衡量骨骼如何形成，身體中成骨形成的過程，這種差異在年紀較大時當然變得更明顯。兩個六十五歲的人站在一起，一個看起來像五十歲，另一個看來卻像八十歲。我們認為六十五歲的人外貌相差這麼大不算什麼，這是可以預期的，但是我們卻不希望在四歲或嬰兒階段發生差異性，然而這些差異確實存在。

行為發展的情形也是如此，不要把月曆上的日期當作是一連串發育情況的基準，以為孩子的成長過程到了某年某月就應該達到什麼程度，表現出你希望的行為標準。為人父母的角色在孩子的每個階段需要付出不同份量的心力——不是不同的原則或技巧，而是原則與技巧的的應用不同。不要根據平均統計數字來設定孩子應該具備什麼能力，而加重孩子和你的負擔；應該想想如何根據孩子本身特別的長處、短處與發展順序來幫助他掌控行為。

迷思七：孩子表現出來的行為，目的是想操控一切？

當孩子違背我們的期望，我們常說孩子只是在操控行為罷了，然而研究調查顯示，孩子不比我們這些成人更懂得操控，其實孩子操控的情況可能遠比我們少。藉由預料及處理其他人的行為而得出可行對策，其實超越大部分孩子的能力。被父母視為有操控行為的孩子，多半只是有煩躁動作的傾向而已；父母可能在無意間強調這種行為，於是轉變成一種型態。孩子尖叫時，你為了阻止他，便全心注意他，也許還有求必應，這種情形是在訓練孩子以尖叫的行為來吸引你更多的注意。給孩子冠上「操控」之名，往往使我們忽略了去了解自己是否過度強調孩子的錯誤行為。

父母親把孩子的行為看作是為了刻意吸引他們的注意，這樣的認知是對的，然而，孩子本身很少會意識到「操控」。雖然孩子可能會這樣想：**「我把媽媽逼瘋的時候受到注意，我喜歡受到注意。」**他並不會這麼想：**「我認為把媽媽逼瘋的時候可以從她那兒得到一些注意。」**

如果你問一個難管教的五歲孩子如何得到媽媽的注意，通常他不會說：**「我不守規矩。」**他對於父母發出信號的回應是發生在意識層面之下。孩子多半只是對於先前行為的結果作出呼應罷了，如果尖叫在之前證實了成為受到注意的可靠辦法，那麼他將會把尖叫當作是他首選的技能。在我們所做過的研究中，讓父母改變他們對於行為的回應，結果孩子對於這種改變所做出的調整實在令人訝異。如果我們讓父母不去理會尖叫，而多多注意好的一面，孩子就會見風轉舵，把好行為當成是可以得到注意的更好、更可靠的法寶。所以，究竟誰才是「操控者」？

另一項研究是在教室制定一項迷你訓練計畫，試著把讚美好行為的效果獨立出來。

我們讓一個孩子自由玩耍，然後讓老師一個接著一個進來，和孩子互動。我們吩咐一組老師百分百時間都投入在注意和讚美好行為上（當小孩乖乖地玩，並且把玩具收好，老師一定會注意而且讚美這項行為），一組花百分之五十的時間注意和讚美孩子，另一組則完全沒把時間花在這上面（不管這個孩子有多常乖乖玩耍並收好玩具，老師被指示絕對不要去注意和讚美那項行為）。就這樣，在研究的這段期間，總是有一個孩子在房間自由玩耍，不同的老師會進來，根據每個老師參與的組別，全部、部分時間或完全沒有時間對好行為給予讚美。過了一會兒，我們停止這項訓練，把孩子送回普通教室和其他孩子們在一起，並且讓訓練期間和孩子互動的不同老師進入。當百分之百的時間都在讚美好行為的老師進來時，這個孩子在課堂上的表現很好；當百分之五十的時間讚美好行為的老師進來，孩子的表現不怎麼平均，不過還可以接受；當沒有花任何時間讚美好行為的老師進來，孩子幾乎都心不在焉。

這件事告訴了我們什麼？**孩子的行為是由成人對他的行為反應塑造出來的。**

* * *

我明白身為父母即使是在順利的時候還是要接受挑戰。

孩子身上一直都有正常壓力存在著：四歲孩子的害怕，十二歲孩子對於同儕壓力的敏感。

父母親也有壓力：時間和金錢總是不夠用，新的問題和需求似乎到處都會冒出來，牙齒矯正器嗎？才藝課嗎？你打破了什麼？除了必須處理接踵而至的事情，你也在教孩子如何成為堂堂正正的人，如何在這個世界立足。要馬上動手做每件事似乎很困難也不太可能，有時候甚至於連最簡單的事情你也搞不定，譬如說晚上全家未必就能安穩地坐下來吃頓飯。

除了以上這些，還有件最重要的事情：我將告訴你，有些甚至許多你覺得想當然爾的教養方法其實是錯的，這只是第一步而已，接下來的一章將教你做出正確的事情，成為更有效率的父母。

我把揭露這些迷思當成是核心工作的必要開端，這樣對於進行日常教養孩子的實務會有幫助。我將說明，如何養成孩子的行為，使你輕鬆度過每一天，同時還可以建立你期望孩子擁有的好習慣與價值觀。當你把日常問題處理得愈來愈好，就長期而言，也能更有效地幫助孩子。

我的方法著重在「行為」，可是行為影響到孩子和別人的互動以及處理態度，培養孩子成為有思想和見解的人。改變行為之於孩子、父母和家庭功能都具有廣泛而良好的影響，幸好我們知道很多有關改變行為的方法。教養工作是種手藝，可以做得更好也可能更差，現在是翻到下一章的時候了，我們會在這章訂立原則，讓孩子表現得更好。

2 有效教養的六大原則

在我提出有關改變行為的方法當中，觸及一些基本原則，在此我先將這些原則做出摘要，逐一加以介紹；接下來，我將回答你可能遭遇的某些問題，以及處理這些問題的方法。

原則一：逆向的正面思考

現在我們就來改變一項教養方面的習慣。不要用你不希望孩子表現的行為這種措詞來思考：**他動不動就亂發脾氣、他不聽話的時候快把我氣瘋了**。開始用你所期待的行為的措詞來思考。這個方法的重要關鍵是「逆向的正面思考」：多想想你希望的行為，不去思考你不希望的行為。

逆向的正面思考是：把**他動不動就亂發脾氣想成孩子受到挫折時，希望他用委婉的詞語，冷靜地告訴我這件事情**。比起透過處罰或其他負面方式來消滅你所討厭的行為，用正面鼓勵的方式來養成你所期待的行為，這種方法簡單多了。

下面的表格，我提供了一些逆向的正面思考的例子。請仔細閱讀，同時列出你不希望孩子做出的五件事，然後針對這每件事以逆向的正面思考來想一想，親自試試看這個方法。

不希望孩子的行為……	正面思考可以導正行為
*兄弟姊妹為了電視節目（或玩電腦遊戲）而鬧得不可開交	★希望孩子們一起坐著好好看電視（或輪流玩電腦遊戲），不要鬼叫或打架
*孩子把衣服丟得整個房間都是	★孩子說把衣服放在衣櫥或衣櫃裡
*孩子不好好做功課	★孩子能安靜地坐在書桌上做二十分鐘功課
*孩子為了喝水而三番兩次離開床鋪，耽誤了睡覺時間	★要孩子上床，起來喝水或上廁所不能超過一次，然後繼續待在他的房間
*每次我不准孩子做某件事，他就和我爭吵、大吼大叫	★孩子可以冷靜地表達出憤怒
*不管我怎麼用心準備晚餐，孩子就是不肯吃蔬菜	★期望晚餐時，孩子能試著嚐幾口蔬菜
*孩子說話時會出現搔搔後腦杓的惱人習慣	★讓他去吧，也許過不久這種行為就會自動消失

原則二：強化正面行為

當你不斷對一項行為給予嘉獎，那就是「強化正面行為」，也是你最基本而有力的工具之一。當你所希望的行為和明顯與它相關行為出現之後，應該盡可能立刻強化這種正面行為，而且要持續不斷地進行。理想上，當你對某項行為下工夫時，每次孩子做出這種行為，你應該在孩子身邊並且加以褒獎。譬如說，你希望孩子在你第一次要求他做某件事情時就把它放在心上，那麼每次他能一開始就記住這件事，你應該給予注意、讚美、特別待遇或送他紀念品。

接下來幾章我們會詳細討論關於獎勵方面的議題。通常簡單地給予注意和一些熱情的讚美就綽綽有餘了，不需要永久這樣下去。用來當作永久改變孩子行為的正面強化的施用期相當短暫，但是在這段時間你務必確實經常獎勵孩子的行為，讓孩子充分了解它們之間的關聯。

然而獎勵還不足以成為永久改變行為的方法，強調正面行為太常被誤解為只是對行為拋個獎賞而已，還有更多事情需要做，特別是下面這兩個觀念：**加強練習**與**具體化**。

原則三：加強練習

加強練習是養成你所期望的行為的最佳方法，如果本書中有個必須放在第一順位的觀念，那麼就是加強練習。「加強」表示在孩子表現這項行為時，你應該用正面強化的方式給予注意及獎勵。「練習」表示孩子有許多重複的機會去正確實踐這項行為，並且因此受到獎勵。在你推動這項行為期間，必須讓孩子重複多次這種模式——表現這項行為、受到獎勵、表現這項行為、受到獎勵——將行為和明確的結果聯想在一起，以建立在他的技能內。下面幾章中，我將教你這種做法，包括刺激：布置練習的場合，使孩子成功地表現這種行為，好讓你能強化它。

原則四：具體化

計畫改變或建立一項複雜的行為，把它分解成可行的步驟，然後加強每個步驟，直到增進為更大的成果。到我們診來的父母親常常說類似的話：「我也很想獎勵孩子說他很棒，可是要他回答一句話（或要他準時上床睡覺、離開朋友的家、在家吃頓飯）都會亂發脾氣。」在某種意義上，他們是對的。如果你在等孩子完美地達成某項具挑戰性的行為，好讓你能強化這種行為，恐怕等一輩子也看不到這種行為發生。**教養上最大的錯誤是太過於期待好行為**——在你注意到和獎勵這種行為之前就要求孩子完美或幾近完美地表現出來。沒錯，孩子或許能完全正確地做出你所期待的行為，不過你必須調整你的期待，在他表現出你所期待的行為只達到部分、不完全、有缺點的程度時，也應該給予獎勵。這些不怎麼完美的行為如果適當地加以獎勵、調整次序，慢慢就可以完全達到你所期待的，並且每次都表現出來。

如果你要孩子每天晚上自己做兩個小時的功課，不需要等他自動自發做完兩個小時的功課之後才發出讚美與獎勵。剛開始你可以設定小部分的工作，而且以不需要被三番兩次要求為目標，然後逐漸把做功課時間增加到兩個鐘頭。在這個過程中，務必要找出孩子任何方面值得讚美的行為，即使只是接近你的理想目標一點點而已，並且要使得讚美和行為之間產生關聯。

當孩子表現出不十分正確的行為，問問自己：**「這件事情其中有什麼部分是我喜歡他做的嗎？」**

如果答案是肯定的（一般都是如此），請跳到這部分：**「你做某某事做得很棒**（不管是什麼事，只要做對了就行）。**」**

然後你稍微督促他朝著目標更近一步：**「如果你能做某某事和○○事**（他沒有做到或做得不太對的事）**，那真是太棒太棒了。」**

不過要小心不要犯了畫蛇添足的忌諱，在你讚美孩子時可以用來對抗畫蛇添足的一個方法就是避免使用「但是」。

幸好在塑造孩子的行為方面你已經做了很好的練習，例如在孩子剛學走路的時候你就做到了。當孩子從爬行、拉他站起來、到站立的姿勢，你都大肆讚美一翻。你牽著孩子的手，幫助他走幾步，大叫著：**「看看你！你會走路了！不再是嬰兒了！」**當然他並不是真的會走路，他還沒準備好表現出這麼複雜的行為，可是你正藉由強化朝著這個方向的背景，塑造走路的行為：拉孩子起來、在你的協助下走路、孩子扶著一件一件傢俱自己走動，然後到剛開始搖搖晃晃的真正走路，這就是具體塑造行為的絕佳例子，也是適用在更多更複雜的行為的原則。

原則五：消滅不當行為

或許你以為和正面強化相對的最有效方式是處罰——**我要沒收小熊填充玩具，等你不嘀嘀咕咕了才還你**——其實不然。經過驗證，「消滅」會是比較好的工具。如果你對某項行為不給予注意，就會像是抽掉火中的氧和燃料般，成功予以殲滅。下一章將討論漠視一項行為（即使是你平常會注意與回應的行為）最適當的時機，同時將討論滅除不當行為和強化你想鼓勵的行為兩種方式雙管齊下的重要性，也就是忽視你不鼓勵的嘀嘀咕咕，但卻嘉獎你非常鼓勵孩子去做的某件事——例如孩子提出請求的時候以正常、不是嘀嘀咕咕的聲音，並且說出「請」。滅除本身並非改變行為最有強而有力的方式，可是如果合併用逆向的正面思考來加強，滅除行動就能夠扮演非常重要的角色。

原則六：ABC法則結合併用

在最後一章會討論如何將ABC法則合併使用，在此稍微解釋一下這個法則：

Ⓐ**前事**——出現在行為之前的每件事，包括示範給孩子的模範行為、你給的指示、激勵與引導孩子的話、培養某項行為的條件。

Ⓑ**行為**——當你認同逆向的正面思考，並把行為分成幾個可行的步驟，以便使該項行為具體化、當你給孩子重複並正確進行某件事的機會，就是在努力設法達成這種行為。

Ⓒ**結果**——這項行為出現之後發生的事，例如讚美、關注，以及其他形式的強化。

當你把以上ABC法則合併運用——正確的前事、多給孩子表現該項行為的機會，然後傳達出可信賴的結果。當你看到孩子的行為受到影響，顯然是這種過程發揮了神奇效果，事實上，這是由許多科學家同心協力研究出來的結果，我親眼見到這項研究對於父母有非常大的幫助，但是還有許多父母沒有找到可運用的實用建議，因此我在書中提出了你能使用的科學方法。

許多到我門診的父母都關切一個問題：**「我不斷地讚美孩子，直到我都變臉了，而且我以前就用過點數表，可是對孩子也沒什麼效果。」**這時我會以ABC為原則，提供答案。讚美與點數表都是ABC法則的C部分——他們代表結果，但是A和B也非常重要。通常發生的情況是，父母親非常慷慨大方地給予獎勵，可是對於佈置行為背景的方法，或是對於持續注意、回應行為本身，就不那麼謹慎。當讚美和點數表不管用時，通常是沒有適當使用的緣故，而且往往忽略了在結果之前的早期階段發生的事情。

正向教養法常見問答

有了這些重要的基本概念後，就要探討在我們即將進行的這項計畫中，你可能遭遇的問題，以及相關的重要原則。

Q 孩子會出現這樣的行為，是我的錯嗎？我會不會把教養孩子的事搞砸了？

A 通常母親們特別容易把孩子的行為不當怪罪到自己身上，可是其實自責並沒有意義。怪罪自己無益於改變孩子的行為，更重要的是，這種自責來自錯誤的前提。沒錯，你可以做很多事來改變孩子，但他之所以會誤入歧途，牽涉到的因素相當多，我們實在不清楚這許多因素如何集結在個人身上，不過我可以肯定，就科學而言，沒有絕對的證據，可以支持自責是唯一或主要造成孩子行為失當的原因。

只有在很少數和特別的案例中，我們可以將孩子的行為失當歸咎於單一原因。一般而言，造成行為失當的原因很多，而且互相關聯，所以將孩子行為失當歸咎於某個原因是不正確的。孩子就像成人一樣，在氣質、個性和社會特徵上各不相同，有些就是比別人敏感、煩躁、好辯或令人煩惱。由於原因複雜，孩子究竟為什麼會出現某種行為我們可能仍然解不開。

例如，我們知道有些人小時候被毆打，長大以後就變成罪犯，可是大多數人卻不會。如果被毆打是原因，那麼小時候被毆打的每個人不是都應該成為罪犯了嗎？可是如果被毆打的孩子有部分遺傳異常，會影響到腦部傳輸功能，和另一個被毆打可是沒有那種遺傳特徵的孩子相比，前者長大後從事犯罪行為的機會確實比較高。哪一種是造成犯罪的「元兇」，毆打還是遺傳異常？答案當然是兩者皆是，而非其中之一。

我們的目的在於幫助區別最初原因（一項行為如何成為孩子的部分常態）及目前的原因（現在有什麼事情引發和引導出這種行為）。儘管我們無法解決最初的原因，卻可以找出目前的原因並加以研究。父母親可以盡力做到這點：密切注意目前的原因，藉由改變這些因素來改變行為。

換言之，我們不需要知道原因相關的每件事，就可以處理問題。頭痛的時候服用阿斯匹靈，頭痛就消失，但你到底為什麼會頭痛？有時候你以為自己知道原因，有時候認為自己不知道，不過，重要的是，阿斯匹靈發揮了作用。類似的情況，當你按部就班改進孩子的行為，自己擔負了解決問題的主要責任，就沒有必要繼續獨自扛起現存問題的首要責任。

Q 有關「改變行為的方法」，最重要的基本觀念是什麼？

A 從改變行為開始，而不是設法找出造成孩子的行為的根本原因。孩子有豐富的心理與情緒生活，我們不能忽略這點，但此刻我們注重的並非孩子究竟是怎麼了，而是純粹外在的表現，像觀察到的孩子的行為，以及孩子和別人的關係。到目前為止，本章介紹的所有原則——逆向的正面思考、強化正面行為、加強練習、具體化、滅除行動和ＡＢＣ法則——給我們解決行為的方法名稱，而行為是和別人建立關係的一項關鍵。

就目前我所了解的，科學界還不知道如何讓一個人愛特定其他人，以及用更真誠的方法去愛別人，可是我們可以改變人與人之間的互動，在表達行為時，使孩子和父母之間的互動較少產生煩躁、生氣和傷害。當我們表現某個水準的行為來潤滑互動關係，更常見到某些當下的情緒結果，例如欣賞與愛。當鬆了口氣的父母告訴我這些類似的事情：**她簡直像變了個人似的——以前她被寵壞了，所以很自私，可是現在卻變得很有禮貌又善解人意**，其實他們正在把一堆行為標籤貼在孩子身上。他們其實是在說：**我的孩子過去持續做出Ｘ、Ｙ、Ｚ行為，這些行為我稱之為「寵壞的」，可是現在她不斷表現出Ａ、Ｂ、Ｃ行為，這些行為我稱之為「善解人意」**。

這就是為什麼研究行為會變得有意義的原因。我們知道如何改變（沒有借助於藥物），而且影響到其他每件事，包括我們容易認為是行為根本原因的深層感覺。研究顯示，長時間加強練習的確會改變腦部，例如經過幾年定期的練習，小提琴手的腦部會發生化學與結構變化。這些研究顯示出行為和腦部之間、行為和思想之間強而有力的雙向關係。因此，當我們以鎖定目標的方式改變孩子的外在行為，同時也在處理埋藏於孩子心底的內在問題，這部分更難去界定與處理——思考我們到底是誰的內在生活。

Q 為什麼這個方法行得通？為什麼改變行為在本質上是改變孩子？但讓孩子依照我的意思表現行為，會不會因此犧牲了他脆弱的自我？在我擊退他的行為時，會不會埋下他長大成人後被別人擊退的陷阱？我這麼做是在改變孩子的個性嗎？

A 讓咱們按照順序來解決。首先，為什麼這個方法行得通：重複練習有助於將某項行為植入孩子日常的行為中，這是種包含改變腦部的過程。再回到那個熟練的提琴手為例子，我們知道他不會在樂譜上看著降A大調對著自己說：「讓我瞧瞧，需要降低E弦的就在這個指板上面。」他的腦袋已經知道如何跳過這個合理的過程，直接跳到之前學得的反應。由於最近在化學和腦部結構研究上的科技進步，使得科學界能看出這個過程如何在分子層級發揮出來，不過那種研究仍然處於早期階段。現在，有充分的研究足以說明重複練習使得腦部改變，而我們仍然在設法理解那些改變的廬山真面目，然而，可能改變孩子腦部的計畫，並非本書接下來的重點；孩子所學會的每項行為，不管是源自於你或別人，都會導致腦部變化。

至於脆弱的自我——絕無此事。我研究過兒童了解自己與處理現實問題（孩子應付生活具備的條件）的能力。當孩子的行為改進，同時也在培養能力，發展出社會可接受的習慣，促進他和別人的互動。我們的內在力量來自於我們和別人的聯繫，以及每天如何發揮功能。科學界對於改變自我並不了解，特別是因為「自我」只是一種觀念，在腦部中並沒有可與之對應的部分，但行為是真實的，藉由改變行為激勵個人（包括孩子和父母）看見自己變得更好。

加強正面的好行為，並不是在「擊退」孩子。通常使盡各種辦法還是拿孩子沒輒的父母，會做出更甚於「擊退」的事情。那些飽受折磨的父母親，他們的孩子往往在不適當的教養下，承受更多的心理傷痛與裂痕，而非冷靜、循序漸進、有效的教養方式。我要在此重申，我們當然關心孩子（還有父母）的想法、感覺、自信心，以及其他不會掉入行為範疇之下的重要特質。但是發展良好行為與具體能力會影響到所有這些方面，那種影響力超越了表現特定行為能力的簡單變化。例如，我們在家改變了孩子的一項行為，會發現教養壓力、教養產生的沮喪及其他失調的症狀都減少了，家庭關係也跟著改善。我們的研究一再發現，改變行為與改變個人內在生命及家庭共享的生活之間的關聯。改變行為不是要強迫或擊敗孩子，而是幫助孩子和這個世界及其他人相處，因此同時也在豐富孩子的內在生活。

最後是個性的問題。我們所謂的「個性」，有個非常重要的部分是，當孩子呱呱落地來到這個世界，氣質差異就已經顯現出來。即使孩子的行為受到你的加強而有所改善，這樣的結果也不太可能讓孩子天生的氣質改變太多，個性特徵也是如此，例如外向或謹慎，這些特徵往往終其一生忠實穩定地跟著某人。也就是說，我們必須注意這些特質表現出來的巨大差異。其次，改變孩子的行為將會影響孩子表現天生特質的方式。很顯然地，父母透過日常生活和孩子互動，是扮演主宰的角色。身為父母親，你正潛移默化地改變孩子的行為，即使你無意如此。重要的問題是：你帶來的改變對於孩子邁進成人階段的發展是幫助還是阻礙？

Q 我已經試過「獎勵好行為」、「繼續進行點數表」，以及其他討論到的所有事情，結果孩子還是教不好，為什麼這次就會成功呢？

A 這次之所以會成功，是因為即將用正確的方法，依賴可靠、重要團隊的科學研究，告訴我們如何以正確方法進行。

對於來到我門診的父母，我通常會提醒他們，這個計畫的其中一種價值卻同時也是它的害處是：採取熟悉的觀念，用不熟悉的方式呈現。為了改變孩子的行為，我要求你所做的事情不太像量子力學，大部分事情看起來較像是普通知識或一般常識，父母親往往因為他們以前就做過類似這樣的事情，以為他們對這種方法已經全都知道了，而犯下錯誤。事實上，成功通常存在於細節處，而細節可以是新鮮、驚人的。

有時候很明顯的，父母親對於我們用在計畫中的技巧錯誤應用。

有位媽媽告訴我：「我試過隔離，可是根本沒有效果。」然後承認她所用的隔離方法是，要孩子整天待在房間裡——整個星期六和星期六晚上——把食物塞進房門裡。但那種激烈的手段，並不會產生父母親所想要的類似作用。

＊　＊　＊

還有一位父親要孩子打掃自己的房間來賺取晚餐，如果房間打掃得不夠乾淨，孩子就沒有晚餐可吃，而且除非他把工作完全做好，否則第二天的早餐和午餐也沒得吃，而且這位父親把他的方法稱之為「用心良苦的愛」，但是用「終極教養法」來形容會比較貼切些。這名父親以為他已經主宰了情勢，而且最後也真的讓兒子打掃自己的房間，但是這個方法進行過程愈來愈艱難，激烈的手段也產生副作用——孩子漸漸表現出逃避和不信任父母的傾向，侵略性也與日俱增——產生的負面作用遠遠超過想要教導的適當行為。

也許你對於上述錯誤使用技巧的例子覺得可笑，那麼我們思考一下這些不當應用技巧的例子的結果：

孩子做錯了某件事，於是你取消他兩個星期使用腳踏車的權利，你認為這樣的處罰很適合用在這種罪行，可以教他不再犯以前的錯誤，可是根據我們的研究顯示，為了影響孩子的行為而沒收腳踏車，只要一天左右就夠了，也就是說，兩星期十四天的禁令當中，有十三天是多餘的，效果並沒有隨著增加。而兩星期的禁令將出現其他你不希望發生的影響，減少孩子和他的腳踏車同伴相處的團體活動時間，而團體活動是我們非常鼓勵孩子參加的項目。這多餘的十三天，並沒有讓孩子以大人期望的行為，贏回騎腳踏車的權利，卻造成親子關係不必要的裂痕，繼續增加怨恨，因為接下來這兩個星期的，不管孩子表現得多麼好，仍舊不能拿回他的腳踏車。

＊　＊　＊

那麼再看看以下這個例子如何呢？你答應孩子，只要接下來兩個星期他把所有的功課做完，或者下個月的成績單每科都考高分，就可以參加音樂會或其他特別的活動。這種策略幾乎注定是沒有效果的，它並沒有配合方法（沒有具體化）來加強特定行為，也沒有提供規律、重複的機會來表現被期待的行為（加強練習），此外，獎勵來得太晚，無法有效影響行為，前事、行為和結果之間的連結過於薄弱。大的成就給予大大的獎賞，聽起來似乎頗有道理，可是卻很少能達到效果。最要不得的是，即使孩子沒能達成父母的期待，父母親通常大發慈悲，不管怎麼樣，還是會讓孩子參加音樂會，因為孩子是如此興奮地期盼音樂會的到來，父母親並不想傷孩子的心（或忍受他嘀嘀咕咕）。這種情況當然更是糟糕，儘管遲來的厚賞不是非常有效的加強方法，但如果向孩子妥協，不管怎麼樣都讓他去參加音樂會，最後你所獎勵的將會是不該做的行為。

這裡的重點是，成功與失敗的差別，通常在於細節處的正確與否。思考一下學習飛機登陸這件事吧。你看過很多很多飛機登陸，也可能在電視上看見很多次直升機登陸，可是知道每件事，不代表知道如何去做這件事。在攸關生死的賭注時，你不能說：「嘿，我辦得到，因為我以前看過飛機登陸，而且每天晚上我都把車子停在車庫裡，反正都是同樣的事情，只要把飛機朝著下面，就可以登陸了。」你應該說：「我必須怎麼正確操作，順序是什麼呢？」兩者之間的差別在於，前者只講些關於儀器的廢話，後者藉由學習比例尺和研究專門技術與技巧而循序漸進。

接著，讓我們來了解這些細節吧。

3

學齡前的孩子：愛亂發脾氣、扔東西——在對的時機用對的方法

現在就從家有幼兒的父母整天面對的這類問題著手吧：一歲的幼兒常常亂發脾氣，整個家庭都被他主宰著，但是不管孩子的年紀大小，本章都適合家長閱讀，因為在本章我安排了最完整的點數表基本方法：如何從藉由辨識你想培養的逆向思考的正面行為開始，如何制訂點數表，如何選擇和給予獎勵，如何跟孩子解釋這項計畫，如何和孩子實行計畫以便大幅改進沒什麼起色的成果，如何調整家規使這個計畫有最大的機會成功。

有了本章提供的經驗，你可以採行這種基本對策用在幼兒常見的其他問題，譬如訓練大小便，而且這種方法也能擴及範圍，適用在年紀稍大或大許多的孩子身上。接下來幾章，我們將看見更多行為問題，至於現在，焦點會放在基本技巧，以及把就寢時間搞成家庭悲劇的孩子上面。

本章將著重在單一案例——四歲大的男孩戴維（Davey），說明用在他身上的方法。在你閱讀本文時，請記住，對於男孩子而言那些都不算很特殊；其他還有一些瑣碎的事情，例如在考慮適當的獎賞時，應該知道男孩與女孩的差異（但是其中也有相當程度的重疊部分）。本書中，不管我舉的例子是女孩或男孩，我所談論的是一般的孩子。

界定問題及逆向的正面思考

四歲大的戴維的父母珍（Jen）和梅爾（Mel）坐在我的辦公室，看起來不怎麼高興。主要是由和戴維相處時間較多的媽媽描述問題。

她告訴我，孩子在以下這些時段有時候會大發脾氣——把他放在托兒所、父親或母親把孩子交給另一半接手，或在他玩得正高興時要帶他離開。不過媽媽說，最主要的問題在於晚上準備上床睡覺時。

「通常這樣開始的，」她說道：「戴維在玩電動玩具或看電視，到了七點十五分，我們跟他說：『好了，戴維，現在是睡覺時間，回去你的房間。』」我聽得出她在模仿當時的自己，她的聲音甜美、溫和，設法避免激怒戴維，全家人此時如臨深淵、如履薄冰，暗自祈禱戴維不要爆發脾氣，不過還是擋不住。

「他開始鬧脾氣，」這位母親繼續說道：「接下來一個鐘頭左右的情況是百分百可以預期的。他尖叫、到處發出啪啪的聲音，可能是踢、打造成的。如果旁邊有什麼東西，很可能被他拿起來扔掉，以前他就曾經打翻檯燈、死命抓住東西以阻止我們把他帶離客廳，進去他的房間。要是鄰居聽到他發出的聲音，很可能以為我們在打小孩或比打小孩更糟糕的事情。偶爾在他發脾氣時，我們能夠跟他走進房間，甚至讓他上床睡覺。我們告訴他要待在房間裡，然後把門關上，可是他馬上哭著跑出來，我們只好再把他帶回房間。就這樣耗掉了一個鐘頭或更久的時間，最後他終於筋疲力盡，待在房間睡著了，這時候我們的時間也耗光了，而每個人被他這麼一鬧，都覺得很掃興。」

我要求她把孩子亂發脾氣時，肢體方面的狀況描述得更詳細些。

「在戴維踢、打或扔東西時，我們盡量設法不讓他把我們逼瘋，可是有時候（特別是他打到某個人的臉），我們其中一個人就會受不了而打他，或類似把他推進房間這類的行為。我覺得身為萬物之靈，不應該有吼叫或打人的舉動，我和丈夫也不會彼此亂發脾氣，可是每次想到晚上發生的事情，我必須承認自己並不喜歡這樣的火爆場面。」

這樣的細節對我非常有幫助。這對夫妻非常注意小孩亂發脾氣的情形，他們清楚知道想要消除的行為。我們也可以明確辨識出他們希望出現什麼樣的替代行為：輕鬆、平和的過渡時段；固定的就寢作息，使孩子準備好上床睡覺、待在房間，不亂吼亂叫或其他撒野的事。現在我們有足夠的資訊能夠提出這類問題，不只是要想出處理這個問題的方法，我提醒他們，我們還要矯正這種行為。

立刻處理問題

首先，我們先針對「就寢時間亂發脾氣」這個最嚴重的問題。也許你們還想解決戴維其他方面的問題，可是現在重要的是必須從某個地方開始著手，並且讓「就寢時間亂發脾氣」的行為得到控制。

一開始我告訴這對夫妻，必須拋棄目前的管教方式。不能再把焦點放在阻止孩子亂發脾氣這件事，若想要有個平靜的下午，應該在孩子和夫妻都放鬆的時候，告訴孩子有件很吸引他的事情馬上就要登場了——某種可以得到新獎勵的方式。在孩子的幫助下，把早就事先做好的點數表貼在冰箱門上，這張表可以顯示出孩子可以得到多少點數；如果孩子上床睡覺時不吵不鬧就能得到點數，累積多少點數就可以贏得什麼類型的獎賞。

進行這個方法之前，需要設計一張點數表，而且必須是能真正發揮作用的那種。

步驟一：製作點數表

什麼是點數表（或是貼紙表）？這是每天追蹤及顯示孩子達成正面行為以及可以得到獎賞的方法。研究顯示，點數表有很多好處（各種年齡層的孩子都適用，成人亦可）。點數表使每個人誠實贏得自己應得的，它給予孩子特別的激勵，看見點數漸漸增加，提醒為人父母的你進行這項「重要計畫」時，生活再怎麼忙碌也值得進行。因為它可以激發你讚美孩子，同時為某件事情預先做好準備，使得期望孩子達到的事情較可能發生。

有些父母做出精緻或可愛的點數表，以為如果孩子喜歡這種表，對於該項計畫會更加熱中參與。我見過卡通角色的特殊貼紙、貼上「恭喜」字眼和巧克力球作為點數記號、一張花園圖畫上面以蝴蝶貼紙為點數的等等，絞盡腦汁發揮創造力，讓點數表變得有趣是件好事，然而研究顯示，孩子有多麼喜歡點數表本身和這個計畫進行得多好，沒有關聯，簡單的表格也可以發揮作用。這種表只是用來追蹤、激勵做這項行為的過程，以及贏得讚美和其他獎賞的方法，那種「加強行為的練習」的過程，才是促使計畫成功的推手。

成功與否不在於點數表本身的呈現，而在於點數表如何被使用。幾十種研究告訴我們，如何製作出最有效率的點數表計畫，以最有效率的方法來使用它。

對於前述的四歲孩子，我們使用相當簡單的表格，見下頁。上面記載著星期，戴維在睡覺

範例：四歲戴維的點數表（貼紙表）

時間	兩種得到貼紙的方法		總計
	「大男孩」練習時間表現良好	「大男孩」上床時間表現良好	今日贏得貼紙總數
星期一			
星期二			
星期三			
星期四			
星期五			
這星期的貼紙總數：			

時間以及白天提前練習就寢時就可以得到點數，可以放記號、星星、貼紙，或任何其他用來追蹤戴維能夠贏得的點數號——每天最多四點：睡覺時間表現好可以得兩點，練習時間表現良好也得兩點；如果他練習兩次，甚至還可以得六點（在少數情況下）。我鼓勵這對父母問孩子喜歡什麼，或者至少讓孩子可以選擇用什麼來標示他的點數。戴維對於恐龍情有獨鍾，所以恐龍貼紙會是很棒的選擇。

可以增加星期六和星期日，不過剛開始以五天來進行還蠻適合的。如果戴維達成這種行為贏得點數，就在欄位上放上貼紙或檢查記號。如果他那天沒有達成行為，只要劃線就好（不要留下空白）。

早點決定是否想要在週末和其他日子照樣實行這項計畫，如果你們有任何疑慮，可以一星期維持五天或甚至更少。實行這個計畫效果較好的是一星期五天，週末休息；全部七天都實行或偶爾在週末假日實行效果就沒那麼好。（在我的門診中，如果碰到家庭情況只允許他們一星期徹底、好好地執行一、兩天，有時候我們會鼓勵這個家庭一星期只實行這個計畫一、兩天。）好好地進行這個計畫比起整天都進行來得重要多了。

「地點」也是很重要的。把點數表放在哪裡會產生差別，把它放在顯眼、每個人都看得到而且常常看見的地方，冰箱就是個很理想的地方。你愈是常看到點數表，愈可能持續追蹤並讚美孩子。讓孩子常常看見點數表也同樣重要，可以激發他贏得更多獎勵。在別人看得見或聽得到的地方給予獎勵，能促使那些獎勵對於改變行為發揮更大的效果。

步驟二：購買獎品

製作好點數表之後，需要挑選一些有趣、適合的獎品，並且訂定孩子用表格上贏得的點數來「購買」獎品的條件。

首先，不准沒收。絕對不要想沒收任何孩子現在「擁有」的東西，如果他有電腦遊戲或電視時間，這些就不當成點數表上的獎品。取消目前享有的福利會引起孩子憎恨這項計畫，導致他更常亂發脾氣，可能引起一些攻擊行為，即使是一個不常亂發脾氣的孩子也會產生這種傾向。可以要「增加」新獎品，或是增加更多孩子已經得到的某種獎品也可以。

剛開始用小獎品。起初，需要一些可以用很少的點數就能夠贏得、而且馬上能享受到的特殊福利，提供給當天表現良好的孩子。若孩子年紀還很小，也可以把摸彩袋當成小獎品之一。例如可以將幾個便宜的小東西放進一個袋子裡面（或一項東西放進一個小袋子），如小的塑膠車、動物、士兵和球。可以由你來挑選孩子喜歡的東西，甚至可以要孩子在商店裡幫忙挑選小獎品。至少要選擇六項東西，但也不是非六項不可。幾項東西就可以了，但如果只有一、兩項就太少了。糖果、點心也能當作獎品，不過我建議離這些東西遠一點。用食物當作獎品會惹來一些我們很不希望處理的麻煩，譬如說，萬一在晚餐前二十分鐘，孩子要求吃冰淇淋甜筒怎麼辦？

除了小玩具和其他這類東西，想想看有什麼福利和特殊待遇可以當獎品。福利可以包括選擇晚餐的菜餚、暫時不必做家務或工作、玩特別的遊戲、你們其中一個人陪他看電視，不需要花很多錢在獎品上。若孩子喜歡聽故事，多講一個故事對他而言似乎就是個大獎了，特別是如果以自己的行為表現得來，所以可以在睡前多講十分鐘的故事。

給予他們可以為目標而努力的獎品。獎勵點數應有上限，例如通常一天最多可以得到四點，至少在開始的時候是如此。然而即使得到的點數很少，父母也想嘉獎孩子，好讓孩子每天都能買某樣東西，或是給孩子另一種選擇，讓他可以把點數存起來，換取較貴的獎品。兩種選擇都可以進行看看。所以如果你有六項獎品，把兩項定為價值兩點，兩項（他比較珍惜的）價值四點，另外兩項（他非常渴望得到的）價值六點或更多。例如把手伸進摸彩袋裡拿小玩具為兩點的獎品，他可以因為達成某件事而贏得這樣的獎賞，但並不是每一天都提供這樣的機會。

時間點的重要性。達成行為後，絕對不能延誤到給予點數的時間。如果孩子在星期二晚上乖乖上床沒有亂發脾氣而得到兩點，那麼在星期三早上他一醒來，就該讓他看表格上的點數。行為和結果之間的連結必須盡可能迅速而直接，否則計畫可能會失敗，不管你怎麼小心地解釋說明都沒用；此外，要準備好所挑選的獎品，好讓他在想兌換點數的時候很快就能得到，但是點數兌換獎品不必非馬上進行不可，只是要確定他每個星期都能定期兌換得到。

增加更「昂貴」的獎品。在我們增加獎項時，特殊獎品（價值十點以上）可以包括出外用餐或更重要的戶外活動等福利——也許是溜冰或者和朋友去特別的遊樂場。獎品不能過於奢侈（不

範例：戴維可以獲得的獎品單

獎項名稱	需要的貼紙點數
挑選手提袋	2
額外的床邊故事	4
星期六晚上延後十五分鐘睡覺	4
為家人選擇晚餐的菜餚	6
和爸爸或媽媽玩十五分鐘撲克牌	8
週末在家觀賞租來的影片	8
溜冰	10
用手機打電話給阿嬤	12
立可拍相機	15

要像這樣：累積五百點，你就可以得到一套真的盔甲），但是一定要挑選讓他感到興奮、被他視為值得特別努力、累積點數來取得的獎品，這種獎品和輕鬆得來的小獎項不一樣。

上表所列是四歲大戴維的獎品；本書後面的附錄列有建議給不同年齡層、範圍更廣泛的許多獎品。

需要許多點數兌換較大獎項的常見問題是，它們不是可以立即達成的。在養成行為時，特別是在計畫初期，重點應該放在每天可以得到的小獎。讓孩子把他所有的點數存起來兌換他比較渴望的大獎，會使這個計畫的效果大打折扣。沒錯，孩子珍惜的事情或東西通常可以當成很好的獎賞，但不管孩子改變行為與否，重點是這些獎品是否傳達出那些規定。我們想要即時的點數和讚美，我們還想要隨時可以派上用場的獎品。

範例：戴維的火箭船朝向月亮

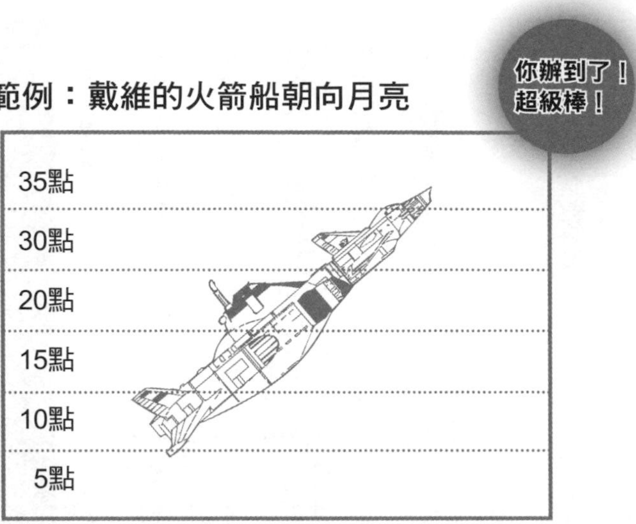

這裡要提供的就是兩全其美的辦法。除了孩子用兩點、四點或六點兌換到的普通小獎，以及價值十點或十二點這些較貴的獎品，你還可以選擇較花時間、需要很多點數才能得到的較大的儲備獎品。如果孩子心裡最渴望得到的是足球頭盔或公主服裝，那也是不錯的獎品，或者也可以是一趟旅行或其他興奮的活動。針對這個辦法，我們需要第二張點數表追蹤紀錄孩子贏得的所有點數，不管是花掉了沒有——有點類似年度綜合所得稅結算。表格可以像這樣：一張上端有月亮的圖畫，還有一艘根據那個星期贏得多少點數而可以往上移動的火箭船。只要從他的每星期點數統計表變換成這種火箭船表格即可，即使他把那些點數兌換小獎，也要讓他看看火箭船表格，甚至讓他參與那小小的升格儀式。

當火箭船抵達月亮，就可以贏得大獎，例如說孩子必須得到三十五點才能獲得足球頭盔（這種情況下可以在表格上顯示出火箭正朝著足球頭盔形狀的月亮前進）或公主服裝（這種情況下可能是火箭朝著月亮上的公主城堡前進）。一天最多四點，一星期二十點（假如星期六、日不進行這個計畫），即使孩子表現非常好，也得花兩星期以上才能累積到足夠的點數，而且很有可能需要花三星期或更久的時間。

剪下一個火箭圖案放在表格上，把戴維點數表上一星期的總點數轉移到這張表，將火箭往上移動。

儲備大獎是項紅利，為這個遊戲增添趣味，但計畫的重點仍應該放在讚美及經常性和立即的獎勵上。成功的計畫不需要這項紅利，可是它為孩子增加更多刺激和新奇，使得計畫多了興奮與趣味。

步驟三：解釋計畫

延續前述四歲孩子戴爾的例子進一步說明。當戴維的父母準備跟孩子戴維提出這項計畫時，我告訴他們，跟孩子說明這個有趣的計畫會多麼有用處時，臉上要露出笑容。當孩子選擇他自己想要的點數記號以及跟父母提出前五項他喜歡用來當作獎品的東西時，應該跟著他一起表現出興奮的樣子。不要害怕建議那些他自己沒想過的事情，例如爸爸帶他出去工作一天，或是去圖書館挑本新書。孩子心裡想討你歡心，你的工作就是告訴他該怎麼做。

在這種情況中，只要確定你清楚說明你認同的行為可以讓他獲得表格上的一點：例如「乖乖上床睡覺」。務必要明確讓孩子知道那是指他必須進去房間，穿上睡衣，然後躺到床上。跟他解釋，如果他能做到所有這些事情，就可以得到兩點。

或許媽媽會反問我：「四歲的孩子能了解這種獎勵制度嗎？」答案是肯定的，大多數孩子馬上就會了解。在你解釋完計畫之後立刻讓孩子練習這項行為，讚美孩子做得很好，然後給他可以轉變為真正獎品的點數，他就會明白了。至於孩子是否能把整個計畫轉而跟你解釋清楚，這並不重要。體驗到行為與正面結果之間的持續關聯，並且時常經歷其間，就可以把他的行為和得了多少點數之間建立出關係。

爸爸可能也會一臉猶疑地提出質疑：「可是孩子很聰明，等他明白了，他就會了解那就像是場遊戲般，找出得到獎品的方法，而不是真誠地想改善行為。」

我跟各位家長分享成果：不要擔心孩子會「操縱」這項獎勵制度。就讓孩子善用自己有限的能力來操縱獎勵制度吧，記住，獎勵與強化的安排是短暫的，這是用來徹底剷除不良行為的工具。如果一開始，孩子是為了不對的理由來做正確的事情也無妨，只要他練習做正確的事情就好了。

對父母和孩子而言，「誠心」與「玩制度」的相互作用發揮了大同小異的效果，即使起初你對孩子的讚美是言不由衷的，只是為了讓孩子去做原本在沒有受到讚美就應該去做的事，不管怎麼樣還是要發出讚美。如果你覺得自己是在演戲也無所謂，假以時日你就會覺得較舒坦——尤其當你看見讚美和其他獎勵導致孩子的行為一天比一天進步的時候。你和孩子都正在培養習慣，而這種習慣的養成來自練習，那也是行為變得穩定、根深柢固、自然而然與自動的不二法門。

步驟四：練習

把父母解釋計畫完畢之後，可以立刻開始第一個練習階段。我建議戴爾的父母用這樣的開場白：「好，戴維，我們來練習這個計畫，看看你可以贏得幾點和效果怎麼樣。現在我要你上床睡覺——只是假裝而已——現在不是睡覺時間，但假裝是——如果你在這段時間內假裝去睡覺，不發出吵鬧的聲音，馬上就可以得到點數和獎品。

等孩子準備好了，告訴他，假的睡覺時間就要開始了；把自己當作是在玩遊戲般，說：「請你現在去睡覺。」然後父母可以跳脫假扮角色——靠近孩子的臉，笑著小聲說：「現在我們進去房間，記住，這只是在假裝而已。」在孩子開始走向房間時說些類似這樣的話：「你假裝得很棒喔！」和他一起走進房間——盡可能用手攬著孩子的身體來引導，不要推他——在他走進房間時讚美他，幫助他爬到床上，然後說聲晚安，輕輕拍他或親他一下。讓他知道，一會兒你就會回到他房間，因為這不是真正的睡覺時間而是假裝的，可是如果你回來的時候，他還待在床上，那麼你得幫他把兩個贏得的點數放在表格上，確定讓他可以馬上用點數買東西，給他獎品，而且一定要給予讚美，點數不能取代讚美，兩者都應該運用到才可以相得益彰。

當計畫往下進行或我們轉移到其他行為時就不需要那麼多的練習、讚美和獎品點數。有系統的使用練習和獎勵對孩子以及父母都會是新鮮的——起頭階段比起後期部分要辛苦多了。

如果時間許可的話，第一天和孩子練習一次以上的就寢時間作息，例如晚餐之前再一次告訴孩子：「現在是贏得點數的機會……」不要擔心他在第一天就獲得太多點數，應該讓他經歷到行為及其結果之間的關聯，而且應該體驗許多次。很快地，行為和分數就會達到平衡。

在進行計畫的每一天，除了就寢時間，最好有一次練習機會。如果沒辦法天天練習，也可以一星期練習幾次就好。如果前一天錯過練習，可以一天練習兩次（這就是為什麼我說一天最多可以得到四點的原因；在少數一天練習兩次的那些天，還可以得到六點），這對於把練習連結其他作息的用處很大。

練習非常重要，可是如果孩子太累或煩躁，或因為家裡發生不太平靜的事情，時間似乎不太適合，那麼就省略假扮練習的機會。如果這些練習像是苦差事，或這段時間你很緊張，孩子自然不會喜歡假扮練習這回事。開始培養某項行為期間，進行練習計畫需要特別小心，盡可能在最適當的情況下演練。

步驟五：例行作息

一項行為之前的狀況如何、該行為當時的背景，以及行為表現之後的情形，這三者同等重要。父母需要建立一項可以幫助孩子平靜下來睡覺的就寢常規。如果孩子常常在看的電視節目播到七點半結束，那麼要求孩子七點十五分去睡覺就不怎麼理想，可以預見這樣的干擾將引發一場脾氣的爆發，我們必須確定在上床睡覺三十分鐘前，孩子沒有從事過度興奮刺激的活動。

這樣的觀念有助於思考事情。還記得第二章提到的ABC（前事、行為、結果）的順序嗎？這裡談到的就是「前事」，也就是出現在一項行為之前以及使這項行為更可能產生的事情。有關前事可以分成兩種，一種是可以「激勵」的——針對可以使某項行為發生的特別情況或行動。典型的情況是：「請你把玩具撿起來，現在我們就來假扮吧。」或是：「請用叉子吃那樣食物。」這種類型的激勵也包括直接示範，像是和孩子一起做出一項行為或以身作則：把你希望他做到的行為確實示範給他看，例如把玩具撿起來並且收好。

還有另一種類型的前事不只把焦點放在行為上，對於有助於行為之前的背景布置、安排能夠傳導該項行為的場合也很重要，使那項行為較可能產生，這些就是所謂的「預備事件」，包括像上床之前排好安靜的時間、坐下來吃飯之前先洗手的習慣和擺餐具等事情。上床前洗澡、說故事及平靜的半小時——包含重要的預備事件的作息——可以大為提高準時上床睡覺而且不吵不鬧的可能性。相反地，電腦遊戲、電視上的動作片、手機、和兄弟姊妹或父母吵架，這些對於上床睡覺都不會是好的預備事件。對某些孩子來說，睡覺前做了些什麼事沒有很大的關係，可是如果睡覺時間在你家是個困擾，那麼錯誤的預備事件就會使得情況有天壤之別。

在戴維的案例中，「睡覺時間」就是個有爭議的問題，所以真的需要做好睡前的作息，讓他從活潑好動願意轉變成安靜準備上床睡覺。這裡的方案是，只要在上床時間用簡單的步驟就能扭轉局勢，儘管這個特定的順序法則並無神奇之處。

我告訴珍和梅爾這對夫妻，晚餐和洗澡之後應該引導孩子從事靜態的活動：例如一起看書或玩平和的遊戲——如果孩子不會有挫敗感的話，猜謎也是個不錯的活動——但是不要看吵雜的動作片和廣告片。

要求孩子準備睡覺然後安靜躺在床上——當然要給予讚美並提醒這是贏得點數的機會。看故事或說故事時只用一盞檯燈或昏暗的燈光。可以設定時器或跟孩子說只閱讀或講一個故事就好，並且堅守這個規則，這樣才不至於成為孩子爆發脾氣和乞求的機會。

當孩子進入房間之後就應該保持安靜，讚美他像個大男孩乖乖上床睡覺。「大男孩」這個稱謂可以給四歲大的孩子帶來驚喜和熱情，通常會有很大的幫助。

第一週計畫可以預期什麼？

第一個星期的目標是開始進行這個計畫，但不要求完美。這個計畫對父母和孩子來說很多事情都是新鮮的，尤其是對父母。我告訴戴維的父母，不要對他或對自己抱著完美的期望。我們預期他沒辦法完美達成，我們也預期你無法持續完美進行。正常的孩子、青少年和成人很少能把任何事情進行得絕對完美。

孩子可能沒辦法在第一個晚上就改變行為，也可能第一個晚上表現出奇的好，第二天又故態復萌，剛開始必須有晚上得零分的心理準備。首先用平常的口吻告訴孩子：「請你進去房間，穿上睡衣，躺到床上。」然後和他一起進入房間。如果他照做，那真是皆大歡喜：協助他躺在床上，蓋好被子，告訴他，早上他的點數表可以得到兩點，而且次日早上確定要讓他看點數表，或者讓他自己做記號。如果他不肯進房間，又開始亂發脾氣，就要這樣說：「這是你上床睡覺得到點數的機會。」然後溫和地再說一次：「請上床睡覺。」不要擺出高姿態或顯示你的權威；不要提高音調，否則只會使得事情更糟糕；不要給他一次又一次的機會、一次又一次的警告。如果你第二次或最後一次要求未受到注意，判斷他不會馬上採取行動，那麼就說：「好，也許明天你就能因為上床睡覺而得到點數了。」接著，離開房間，盡量讓環境枯躁無趣——關掉電視、電燈等，讓他到房間，可是如果沒有按照你的話去做，就不能得到點數。在孩子面前不能顯出軟弱，如果他第一次或第二次沒有立刻上床睡覺，就不能得到點數，你只需要說：「也許明天你可以得到點數。」不要用尖酸刻薄的語調。

如果他乖乖上床而得到兩點，可是後來又從房間出來，把他帶回房間，警告他下次再這樣就會失去一點。如果又發生同樣的情況，就扣掉一點，不要爭吵、威脅或解釋，要實事求是。如果他又跑出來，扣掉第二點；之後，對待他的態度就如同我剛才提到的情形，當他不上床睡覺，就不能得到任何點數。

當孩子堅持不肯睡覺，絕對不能掉入教養上的陷阱，把每件事情又跟孩子解釋一番。

如果第一個星期會產生阻礙，也許是孩子的行為只能接近你想要他達成的，甚至還沒達到可以得到點數的程度。**只要你看到好的一面，以及比他以前的行為進步時一定要給予讚美**。也許你本來期待孩子能進入房間、爬到床上並且一直待在那兒，可是目前他只能做到進去房間的階段。這對於父母的初步計畫來說已經是很大的進步，所以在孩子按部就班表現出所有的行為前不要吝於讚美，讚美你所看見的好的方面，讚美所期望的行為的一點點進展，在你給孩子點數時也不要忘了讚美。請記住，讚美行為本身才是重點，即使孩子沒得到點數。

在你運用孩子的例子作為解決你自己的孩子的參考時，我們有一些非常重要的事項要提供給你。

成功的關鍵

要成功就要改變，不只是孩子的行為如此，你和孩子的互動也一樣。這一節當中，我整理了一些供你開始進行這個計畫時的指南，共有六個要訣，但其實只有一個最重要的基本原則——如何讓讚美發揮最大效果，以及其他注意事項。讚美是最重要的，因此在介紹其他的成功關鍵之前，我要先把焦點放在讚美。

1. **讚美極為重要**。根據研究顯示，適當、適量地讚美孩子，和這個計畫的成功有關聯。拙劣或普通的讚美產生的行為進步不大，而好的讚美能夠使行為產生較大的進步。讚美比點數或其他任何事情都重要，有效讚美應該包括三項要素：

• 熱情地說出讚美（用感情、歡喜與興奮的語氣說：「太棒了！」「好極了！」）

- 非常具體的說出孩子做了什麼你所喜歡的事情。
- 溫和的身體接觸，例如輕輕拍一拍肩膀或頭、擁抱、高高地擊掌、微笑、豎起大拇指或好的手勢，對於口頭讚美能增加非言詞性的有形獎勵。

除了這三件事，還有三項引導條件要記在心裡。有效的讚美應該要：

- **隨時：**期待的行為表現出來時要加以讚美，讓兩者之間強烈連結起來。
- **立即：**值得讚美的行為出現之後應該馬上讚美。
- **經常：**特別是在剛開始你應該盡量尋找（而且要製造）機會，多多讚美孩子的行為。

看起來似乎有很多地方需要注意，不過我想一個例子可以說明這件事並不怎麼難。我們暫時再回到上述例子珍和梅爾這對父母，他們想知道多一點有關如何在就寢時間讚美孩子的良好表現的核心指導。

此時仍然是計畫初期的頭幾個晚上，所以當孩子表現出的每個好的舉動務必要給予注意和讚美。在孩子開始朝著房間走的時候說些讚美的話（帶著微笑和熱誠），例如：「戴維，好棒啊！我要你進去房間，你馬上就開始行動了。」親一下他的額頭或輕輕拍他，高高擊掌或擁抱，由你決定哪一種最適合。這樣你已經達成最重要的訣竅：熱情、具體和非言詞，而且是隨時和立即的，因為你在尋找每個讚美的機會，而且也可能經常讚美。

當你和孩子進入房間時，你可以說：「你做得很好！你的房間到了。」等他爬到床上時再讚美一次。你表現出熱誠，具體說明好的行為（**好棒的大男孩！我要你進入房間，而你也真的做到了！**），而且給予非口頭的支持，表示你有多麼高興。你不一定每次都需要涵蓋有效讚美的每項單獨要素，有時候你可能進入房間後因為某種原因不能過去抱抱他，不過如果大多時候你能結合這三項要素，隨時、立即且經常加以讚美，產生的效果將會令你感到驚訝，甚至震撼。

不管是在練習或真正的就寢時間，每當孩子進去房間或爬上床時，沒有發脾氣或只有一點點抗拒，就應該給予「具體而清楚」的讚美：「具體」表示你得確切說出他做出什麼好的或你喜歡的行為；「清楚」表示你不會畫蛇添足——讚美完之後不添加任何負面或批評的言詞。你不應該說：「上次做得比較好。」也不應該要求：「為什麼你不能每次都這樣做？」甚至也別把平常的說教添加進去。現在不是教訓孩子的時候，而是要按部就班透過加強練習來培養及塑造你所期待的行為，集中火力在這上面。記住，在讚美的時候添加其他訊息，會使得想要加強的效果被削弱。

對於孩子做對的部分給予誇獎之後，暫時停頓一下，接著你可以補充：如果你明天也這樣做的話可以得到更多點數（不管他什麼地方做得不正確）。」多數父母會掉進「接近但是還不夠好」的陷阱，也就是說，他們對於讚美的話往往欲言又止，因為父母看見孩子的行為接近或非常接近他們想見到的，但就是還差那麼一點兒。不要掉進這種陷阱，務必要隨著行為逐步的改善而加以讚美。

同時要記住，尤其是面對四歲這麼小的孩子，我所提到的「熱情」是實實在在的熱情！大部分來教養中心求助的父母都太過壓抑了，直到我們示範給他們看，這些父母才洋溢著熱情。

當你發出讚美時，應該專注在行為上而不是個人上。參考書籍和教養指導網路上充滿了沒有效果的讚美範例，例如：「我愛你」、「你好棒」、「我以你為榮」等等。用這些話來讚美孩子都非常好，但是沒辦法具體地讚美行為。

所以應該用類似這樣的話：**「當你……的時候好棒」**、**「我喜歡你……，太棒了！你做了……」**；**「在妳做……的時候，真是個大女孩！」**當然要明確地把你所讚美的那件事加上去來完成句子。

不要忘了，除了口頭上的讚美，應該增加非口頭的強化動作，用你的表情來表示你很興奮，並且增加某種正面的身體接觸。

我知道有許多人會這樣認為：「可是我的讚美不見得都是真心話，所以我也不必為了達到效果而表現誠心是嗎？」不對，你必須熱情地讚美，這樣的態度比什麼都重要，可是等你這樣做之後看到孩子在進步，會變得更真誠。還記得剛開始孩子跟你說「謝謝」和「我愛你」嗎？就像小和尚念經，有口無心一般，可是當他們的誠意增加時，你回應的態度也更真誠。如果你能按照我說的方式讚美孩子的行為，五、六天後你將發現自己的讚美方式和真誠的態度有截然不同的轉變。記住，熱情讚美（不管你覺得其中有幾分真誠）絕對比真心處罰更有效果。

2.說話算話。如果孩子沒有按照你的要求去做，不要理會他，應該以平常心看待，不要懷著恨意說：「你沒有待在床上，所以不能得到一點，也許下次可以。」然後離開房間或不要理他。注意或一點點嘮叨會使他的行為每下愈況的風險提高許多。我的意思不是說不應該處罰孩子，而是頭一個星期當我們進行計畫時，要讓點數表和讚美雙管齊下，應完全著重在獎勵孩子做出對的事情上。等孩子獲得一些進步，行為漸漸上軌道，就可以採用溫和的處罰來幫助他加快進步的速度。關於處罰方面，在後面第六章節有較詳細的介紹。

3.要先說「請」。在你要求孩子表現出你希望的行為時，要先說「請」，這不只關係到禮貌或好習慣，如何提出要求對於所有人類的互動幾乎都非常重要。「請」是在為一件可以讓孩子更可能遵行的事情作準備，因為它不帶強迫性，暗示孩子有選擇自由。此外，使用「請」字使你的聲調減少激發孩子產生反抗的回應。研究報告顯示，擁有選擇權或看起來可選擇的，可以提高服從性。突然對孩子下命令或威脅處罰，即使表面上孩子看起來有選擇權也會減低效果，增加對抗反應的可能性，所以一定要先說請。

科學研究清楚表示：「請」遠比「馬上去做！」所產生的效果好，所以我會告訴父母，把重點放在較大的效益上，不要因為自以為是的尊嚴而讓事情變得棘手。如果說一次「請」就能讓孩子動手做你要求的事，效果比「馬上去做或其他之類的」好上十倍，而且不會產生對抗的後果，從長遠觀點來看，與其做個徒勞無益的暴君，窮於消滅因自己施行嚴厲措施而造成的永無止息的叛變，倒不如用有自信的溫和態度取得孩子認同，我想這樣反而更有教養上的尊嚴。如果你是真正的一家之「主」或想成為這樣的人，值得你開口說「請」。

4. **語氣要熱絡溫和**。不要突然迸出話來或加重語氣，這不是命令而是教導。事實上，如果你的口氣像是命令，我幾乎可以保證，你培養的不會是個順從的孩子，反而會有抗逆的傾向。研究顯示，如果你用熱絡溫和的語氣，是為了讓孩子遵照你的指示而做暖身動作，孩子比較可能服從。重要原則是預期孩子會順從，那麼你就不會覺得焦躁，也不會以那種可能引爆衝突的語氣來溝通。

5. **在你教導孩子做某件事情時不要提出疑問**。不要說：「為什麼你還沒準備好上床睡覺？」成人了解把命令用疑問型態表達可以減少對峙的意思，可是孩子聽到問題就是單純的問題，不知道是件他應該做的事情。此外，不要只說：「現在是睡覺時間」，這句話傳達的意思並非如父母所想的是明確的指令，說話要絕對的清楚、明白、直接：「請進去房間，穿上睡衣，到床上去。」意思明確除了對孩子較好，對你和家人也有好處。這個計畫的一個重要部分是完全了解、具體說明你想要孩子做什麼。我們通常指這是「陌生人試驗」：你可以明確說明這項行為，使陌生人完全了解你想要孩子做什麼嗎？一般而言，如果我們清楚說明，大概就能讓孩子培養出該行為。

6. **拉近距離**。要求孩子做某件事時，應該靠近一點兒，這樣會有所幫助。當你要求他準備上床睡覺，和他一起走進房間，如果能夠用手輕輕環繞著他，引導他進去，那也很好，可是如果你習慣稍微用力讓孩子朝一個或另一個方向走，那麼就不要直接用身體引導。

* * *

你已經知道如何制定一個改變行為的計畫，接下來這幾章將處理年齡較大的孩子、從家裡的情況擴及到學校、公共場合等其他問題了。

4

六至十二歲的孩子——小霸王、上學遲到、兄弟姊妹吵架、不愛做功課

「他不高興的時候實在是個可惡的傢伙。」從家有六至十二歲孩子的父母口中，我聽到很多這類的情緒反應——不再是小孩子了，但也還沒到青少年時期。

「我們就好像是他的人質一樣。」有位為人父母者這樣形容。「我們不敢到房子之外的任何地方或做任何事情，因為我們實在太擔心他會吵鬧了。即使我們在房子裡面，也總像是被他控制著，有時候似乎是我們得看他臉色、聽令於他，而不是他必須在乎我們的看法。」

在某些方面，這個年齡層的孩子比父母想像中的更獨立，他們想要自由、不想被監視，尤其當他們和朋友在一起，可以任性到粗野的地步。

但是在另一方面，我也常聽見灰心的父母說他們的孩子太過依賴了，對於他該做的工作不是藉故拖延就是拒絕，例如早晨準備上學、坐下來寫功課等。

這個年紀的孩子仍然需要父母密切指導他們的生活，可是他們卻常常挑釁或消極抵抗父母的權威，等他們再長大一些，他們的反擊力量漸漸和父母旗鼓相當後，這個衝突會更加嚴重。

在探討這個問題之前，最好先了解六至十二歲孩子會挑起的特殊挑戰。

首先，不要低估了他施壓的能力，那會使你失去冷靜的回應。在他還小的時候，他可能是亂發脾氣或大叫「不要！」現在，他可以用讓你跳腳的方式挑戰你的權威：「你長那麼醜，我長大以後不希望像你一樣。」或「誰理你那些蠢規定。」或只是說：「我不愛你。」

父母親面對這種挑釁往往會出現更嚴厲的責備、威脅與攻擊性的強硬態度：「我怎麼說妳就怎麼做，小姐，不然妳一個月都碰不到腳踏車！」這位憤怒、聲音發抖、動作像連續劇那麼誇張的父母是誰？聽起來已經不像原來的你了。

但你那樣做，只會加深孩子的攻擊性，使他和你漸行漸遠，鼓勵他逃避你。用雙倍的力量來鎮壓孩子的叛逆（如果幸運的話）可能暫時壓制你不希望產生的行為，但效果是短暫的。研究顯示，不好的行為會像以前那樣又常常出現，而且也可能更糟糕，因為鎮壓反而助長抗逆行為。

其次，對於年紀較大的孩子，父母較可能抱著不切實際的期待。「他都已經十歲了，」你惱火地對每個人說道：「應該知道怎麼……。」你可以把希望他去做的事情加上去：自己準備上學、逛超市時不會做出讓我們尷尬的事、和朋友玩的時候不會耍賴，或乖乖坐下來寫功課。多數父母認為「他已經十歲了」應該比「他七歲……」或「他五歲……更……」；孩子年紀愈大，你愈可能以為他能夠表現出那項行為，選擇相信孩子不做那項行為的原因是他在操縱情勢、被寵壞。當你以這樣的觀點來看孩子的行為時，很可能就會因為他做不到而處罰他，較不可能去做為了幫助他達成合宜行為的必要行動。

所以一開始我們就要調整父母的期待，拿掉那些為了控制孩子而爭執的觀念。把你自以為孩子能夠做到或選擇去做的事情忘掉，開始去了解現在他所做得對的行為，並且清楚說明你希望他去做的事情，然後設法塑造出我們所期待的行為，來取代我們不希望的行為。

但是在解決這些情況之前，我們必須了解七到十一歲的孩子整天都在學校，有朋友、同學、隊友、鄰居、老師、教練、朋友的父母等社交圈，即使他在家和父母在一起，也可能上網、和朋友打電話，簡言之，他不再那麼經常受制於你的權威之下。

待在外面的世界可以培養孩子主見、嘗試以及承擔責任的機會，孩子還小的時候是發展他的喜惡的階段，照顧他自己（清洗、穿衣服等等）使他承擔更大的責任，身為家庭成員及社會一份子，他有更多的任務，例如家事和功課。

此外，由於孩子的態度愈來愈傲慢，你和孩子在眾目睽睽下的對抗將更常發生。當三歲的孩子在雜貨店裡大吼大叫，可能令你尷尬得滿臉通紅，但你大概可以抓起他的手，把他拖出去；如果你不答應讓六歲的孩子買糖果，他可能在超市結帳櫃檯前頂嘴或罵你，對於這樣的侮辱，你的臉色可能由滿臉通紅轉成面無血色。

最後要記住一點，這年齡層的孩子很多時候都在吸收你的一言一行，他已經發展出高度能力來模仿你。有些到我們診的父母會抱怨孩子說髒話、嘲笑、說謊等等，但後來他們會驚訝地發現到，這些容易受影響的孩子是很有效率地在模仿大人的行為。如果你對於改變孩子的行為是認真的，最好注意自己的習慣，因為這是孩子模仿的來源。不過這也不表示孩子的行為全來自於你，或孩子的不當行為全都要怪罪你，可是我太常發現那些要求我治療他們小孩的父母親，正使用雙重標準：**按照我說的去做，不是按照我所做的**。這樣是不會有效果的，因為你所做的會成為他們模仿的行為，永遠都比用「說的」影響深遠，行為本身就是種宣傳。

因此可以肯定的說，在許多方面，六至十二歲孩子帶來的挑戰，要比在不爭吵的情況下，讓四歲孩子乖乖上床睡覺高出許多，但是請鼓起勇氣，你絕對有力量可以塑造較大孩子的行為。你可以運用前面章節所討論過的基本原則與技巧，但是應該要經過修改，以適用於已經開始自己去探索世界的孩子，而且還需要你密切的監督。獎勵方式當然必須以年齡層來加以變化。隨著孩子的自主意識提高，要繼續有效為孩子的生活做規畫，你必須準備放棄某種程度的控制，盡量多和他商量，減少支配他。在加強你所期待的行為時，要更有技巧些——即使他對你表現出的挑釁的意味更強，觸怒你的本事也日漸成熟，這兩者都會令你惱怒而削弱教養上的判斷能力。

超市小霸王

還有什麼事情會比在公共場所做出不好的行為更令人生氣呢?在家裡爭吵已經夠煩人了，在眾目睽睽之下出現令人難為情的行為就更叫父母親傷透腦筋。即使周圍沒有人看到你羞愧的樣子，無法管好自己親生孩子的無力感，也會灼傷你的心。

精力旺盛、愛吃甜食的六歲男孩威爾（Will），被學校老師認為有「過動」傾向，但其實不盡然。他只是比較活潑而且動作很快——不但非常快速，而且協調性很好，所以是個棒球好手。他的運動熱情和精力讓他週末下午在公園時，如魚得水，可是父母對於他在超市的行徑就不敢領教了。他隨意把東西放進購物車的習慣很令人困擾，但還可以忍受，媽媽通常會再把東西放回去，問題主要出在結帳櫃檯陳列架上的糖果。這會成為他們一週來最低潮的時刻。

以下就是威爾的媽媽塔妮亞（Tania）帶他去商店的情況：才剛進超市大門，威爾就乞求要買糖果。「不行，」媽媽說：「吃糖果對你不好，會腐蝕你的牙齒、使你過度興奮、破壞食慾。」她在購物車上放滿了健康、營養的食物，感覺自己道德高操，甚至正義凜然。「拜託，」孩子哀求道：「求求妳啦！」媽媽不為所動：「不行。」孩子開始嘀嘀咕咕，他答應從此會做個堂堂正正的孩子：永遠乖乖聽話，吃第二份菠菜，二十一歲之前不過度要求吃甜點。媽媽覺得更加煩躁，她提高嗓門，增加一些威脅的語氣：「不要再求了，你讓我在大家面前感到難為情，如果你再要求，就一個星期都不准你吃糖果！」孩子覺得現在是投出變化球、扭轉局勢、不計一切代價的時候了。他試著大口換氣、誇大地啜泣、辱罵——使出所有的殺手鐧。

這種在公共場所讓父母出糗的場景很快就起了作用，這位媽媽深怕驚動超市的保全人員干預，她試著想把孩子拉出超市回家，可是她並不想立刻就放棄掉購物車上幾乎快塞滿的東西，這個星期要採買的東西只差結帳就完成了。「好吧，好吧。」她說道。當其他顧客就像在看車禍般圍觀時，她馬上妥協。我不在乎了！儘管吃糖好了，管他破壞食慾、蛀掉牙齒！只要拿了糖果後閉上嘴巴就行了！或是類似這種效果的話。手上抓著糖果的威爾立即變成破涕為笑的天使，起碼在那個時刻是這樣的。

實際上，孩子以不好的行為施加壓力在媽媽身上，然後藉由停止壞行為以解除壓力來獎勵她的妥協，他正在塑造媽媽的行為（為了讓他停止壞行為，買糖給他），媽媽也在塑造孩子的行為（為了得到糖果，表現壞行為），這種方法只會使得下次到超市購物的情況更加困擾。

威爾的父母在我的辦公室裡，面容沮喪，現在我已經知道怎麼回事，該是研究問題的時候了。我開始建議，不應該在升高威脅氣氛後又對孩子妥協，其實如果在孩子第一次提出要求的時候就買糖果給他會比較好，尤其如果媽媽是在孩子規矩地提出要求的情況下買糖果給他。或者可以規定在採購時買糖果的條件，事先向孩子說明，只要他表現如一定的行為，就可以買多少糖果，然後——困難處就在這裡——堅守這些條件。如果媽媽不想讓孩子吃糖，在孩子乖乖提出請求時還是可以獎勵他：**「糖果對你的身體不好，所以不能吃糖。不過你很有禮貌，在商店裡又很乖，我們可以租一部影片。」**或者他有喜歡吃的別種點心，而且是媽媽許可的——動物餅乾、鬆餅、高級水果——那麼如果孩子在商店裡的行為表現良好就可以得到一種點心。

我要跟父母分享，不應該為了避免孩子撒野，一進商店就馬上買點心給他。在那種情況下，孩子還沒有做什麼就得到獎勵，顛倒適當的次序，因而無法預料可能產生的行為後果。孩子可能拿了糖果後，在接下來的購物行程中開始搗亂，不管怎麼樣，很早就拿到糖果不一定能避免不良行為或眾人側目的事發生，因為孩子很可能因為疲倦及選購東西引起的不耐煩而耍賴，況且根據如前例的經驗，父母在結帳時承受壓力的話，往往無法處理得宜。

如果父母擔心孩子一進入商店裡面就沒辦法控制自己，開始嘮叨，那麼在途中或在推著購物車剛開始採購時就應該練習。我告訴塔妮亞說類似這樣的話：**「好，孩子，我們來練習怎麼有禮貌的要求買甜點」**。教導孩子遣詞用字和語氣，即使必須完全重複你的話。如果他做得正確就加以讚美，再練習一次，而且不要忘了告訴孩子，在你讚美他時表示他真的很棒。等真正開始採購，說：**「在我們到達結帳的地方，如果你像練習的那樣有禮貌的提出要求，而且在店裡面表現得好，你就可以買**（你所同意的任何獎品）。」當你們在選購東西時——走過一、兩個走道之後——你可以說類似這樣的話：**「你表現得很好，就像是大男孩一樣，沒有要求買甜點。」**這個計畫的挑戰在於吸引孩子做出你期待的行為，並且獎勵那項行為——最重要的是讚美。如果你無法吸引孩子做出那種行為，那種行為也很少表現出來，那麼就要練習。一旦培養出好的行為後，讚美與其他獎勵就變得不需要——但是現階段是不可或缺的。

我們再回到糖果所引發的衝突，其實威爾的父母真正想要說的是，孩子會引起大家側目的所有公共場所，那個讓大家知道你的無能、管教無方的地方：親戚朋友的聚會、餐廳、醫院候診室、機場（班機延誤是可怕的惡夢），所以除了超市問題之外，我們還要顧及到其他類似這樣的場合。

首先我告訴威爾父母，清楚說出在商店裡會發生的實際狀況，看看是否可以用逆向的正面思考，說明你期望在這個地方能達成的行為。在建構逆向的正面思考時，試試用正面的言詞：做什麼，而非不要做什麼。不要說這樣的話：「不要碰架子上的東西。」可以說：「我要你拿架子上的某樣東西時，才可以動手拿。」不要說：「不要到處亂跑。」應該說：「在商店裡面請用走的，而且一定要待在你看得見我的地方。」

讓我們把逆向的正面思考用在超市，清楚說一遍：「現在我們要進去超市了，如果你能用大男孩的口氣說話、安分守己、在超市裡頭好好走，等我們要離開的時候你就可以得到一項獎品。」如果在逛整個超市時，孩子為了得到獎品一直都表現得不錯，那麼你要繼續追蹤他的進步：他應不應該得到獎品?可是如果要他在整個採購過程中必須表現良好才能得到獎品，這樣的條件過於嚴苛，那麼也可以分段進行。既然他在超市的行為有問題，起碼在開始的時候應該試試這個辦法。

現在是該建立點數表的時候了，這種點數表和前一章戴維父母所使用的沒什麼差別。你可以用小卡片來追蹤點數，這樣就可以把點數卡帶進店裡。起初，如果孩子在超市裡真的很難安分，或許只要在每個走道表現良好時，就給一點，這是非常手段。譬如說超市裡有十個走道，在每個走道盡頭他就可以得到一點，如果有可能得到十點，那麼可以安排六點買他在家裡會用到的一項獎品，但是八點可以挑選結帳櫃檯上他喜歡的任何東西，只要不超過三十塊錢都可以。（有關點數與獎勵，我會在本章下一節做更詳盡的介紹。）

如果孩子在一個走道得一點這種非常措施中有好的進展，接下來或許可以每兩個走道給兩點（可是如果在其中一個走道表現不好就沒有點數），然後每三個走道三點、半個超商五點等等，直到能夠規規矩矩走完整個商店。不管是幾點，他都可以用獲得的點數兌換立即可得到的獎品：甜食、活動（例如租影片），或是回到家之後可以兌換某件東西。

當你和孩子進入超市，就靠近他身邊說：「好了，我們到了，看看今天我們能不能得到足夠兌換獎品的點數。」如果以經是每個走道給一點了，但他依然不能安分守己，那麼逛超市的時候可以經常激勵他：「現在是一個新的走道，這是得到點數的機會喔。」在逛超市的一路上都要記得讚美他的進步，而且要說得具體：「你做得很好，沒有去碰這個走道架子上的東西。」

如果不去讚美他，計畫就很可能會功敗垂成，即使還沒達到獲取點數的程度，但對於小小的進步、好的嘗試以及幾乎所有的行為加以讚美是非常重要的。但是不要拘泥於點數，如果你只打算在採購完的最後才給點數，沿路上一定要讚美五或十次：「太棒了，我們經過了兩個走道，你都沒有出差錯，也沒有碰任何東西，好聽話哦，這樣就對了。」除了口頭上的讚美之外，應該加上身體接觸和笑容。

上學遲到

許多家有小孩的家庭，早晨的作息充滿了壓力，時鐘滴答滴答響著，當鬧鐘響起，上百個動作即刻就得運轉——每個人都得起床、刷牙、洗臉、穿衣服、吃早餐、穿鞋子和外套、踏出家門到車子裡或去搭公車、火車、走路，不管每個人要去那裡，都必須是在早上，特別是有好幾個小孩的家庭與雙薪父母，在七點二十七分或七點三十六分踏出家門的差別，將會決定今天早晨是否又是一場災難。

因此當九歲女孩莎拉（Sarah）在起床時間被叫了三次後還賴在床上，或是花了二十分鐘選擇襯衫，或者在應該找出數學作業放進書包的時候，瞪著天花板用手指弄頭髮，爸媽忍不住大發雷霆，甚至更傷腦筋的是——吼叫。「走囉！快點！我們要遲到了！」每天早上喊了幾十次，還是沒辦法催促孩子快一點。我們應該回到已經討論過的原則，想出更好的辦法來解決。

界定問題及逆向的正面思考

第一步去觀察和敘述情形。早上孩子到底在做什麼事？把它分成片段來看。莎拉的父母告訴我大致的情況：**她做每件事情都拖拖拉拉的**，後來他們終於可以比較具體地說明：**「早餐前待在房間太久了」**；最後我們得到精確和有用的訊息：**我們叫她起床時她確實起來了，可是又躺回床上，直到我們對著她吼叫，這大概多花了十五分鐘時間，接著她又花了二十分鐘挑衣服，然後又想和弟弟玩耍或看電視、玩電動遊戲，沒有到餐桌上吃早餐；後來又花太多時間整理作業和其他必須帶到學校的東西。**這時我告訴他們，姑且不管你們認為她應該能夠做到的事，或知道她曾經、偶爾做過的事（沒錯，如果是星期六的體能課，她一定可以在一分鐘內穿好衣服），只要了解她平常早上都在做些什麼。一旦我們把重心放在塑造她的行為上，使她能動作迅速些、少一點抗拒、不需要不停地督促。

接下來，對於我們想改變的行為採取逆向的正面思考，因此匆匆忙忙、衝突、混亂的早晨作息以逆向的正面思考來看應該是像這樣：**「我們要她早上準時起床，迅速平靜地穿好衣服，直接去吃早餐，學校東西準備齊全，準備七點半出門，我們希望她能夠做好所有的事情，不需要耳提面命。」**然而我們沒辦法馬上就解決全部的事，我們從發現的這些問題中，一次挑出一、兩項須改變的行為，直到將早晨的作息調整到讓每個人都享有正常的生活步調。

所以一開始先挑出一、兩項父母覺得最困擾、最想改變的事，然後想出可以用正確步驟進行的一項行為——朝著正面反向進行的舉動。例如，莎拉的父母告訴我，莎拉賴在床上十五分鐘左右，又花了二十分鐘穿衣服。「起床」是關鍵行為，因為這是準備上學的整個次序的開始，所以我們的新方針是：如果莎拉醒來後十分鐘起床（不管是被鬧鐘或父母叫醒），她就可以得到一點。如果在醒來後二十分鐘內下樓吃早餐、穿好衣服，可以再得到另一點。你可以擺一個廚房計時器或瞌睡鈴來標示時段。此外，思考可以讓早晨的作息進行得更順暢的方法，譬如說，前一天晚上就讓她先挑好衣服。

較大孩子的點數與獎勵

我們即將用點數表來強化與追蹤莎拉的進步。這種策略和我們使用在威爾、戴維身上的方法是一樣的，運用讚美、點數以及用點數購買更多的獎品以加強正確指示的步驟，不過我們也得針對九歲年齡層的點數表制度做調整。

我們將對某個時刻的細節部分對症下藥，不過首先讓我們回想一下第三章中關於制定點數表的一般原則，必須挑選這種點數表所使用的「貨幣」（點數、貼紙等等）、特定行為的附加價值（這種行為得一點、那種行為得兩點），以及選擇莎拉可以用點數購買的獎品。此外，請記住有效使用點數表的關鍵：必須貼在顯眼、孩子常常看見的地方，如此點數表才具有為你期待的行為作預備的功用；成功表現出那項行為後必須盡快贈與點數；給予點數的同時務必加上有效讚美；給予點數和獎品的動作必須徹底執行。每次她做到被期待的行為就應該得到點數，如果沒有做到被期待的行為就沒有點數，也不應該得到獎品或其他益處。點數表的執行應該讓她感覺可以預期及信賴，加強她心裡面行為與結果的連結。

現在要討論到一些細節，就從獎品開始。大部分的獎品應該非常小，只要花幾點就可以兌換的那種，讓孩子幾乎每天都可以得到一項，尤其是剛開始的時候。獎品本身應該適合孩子的年齡與喜好，因此這些日常小獎品應該是可以發揮功用而且不貴的小東西——例如一顆假的寶石或租影片的權利、准許到商店購買她喜歡的便宜禮物的憑證、可以下載音樂或講幾分鐘手機——不過你也應該思考給予福利與控制的條件，獎品不需要額外多花錢，給她自由活動的選擇權利或決定家人晚餐的菜餚，答應讓她比平常就寢時間晚點睡，讓她在床上吃早餐，為她做一件家事，和她一起烹飪或烘焙，準備一道最喜歡的食物，讓她在週末享有把DVD播放機放在房間的權利，多給她一兩天保持凌亂的房間的權利——這些都具有同樣的效果或甚至更好，可以根據孩子的喜好而定。

再來是為獎品定價。如果我們要解決起床、穿衣服及以更快的速度到餐桌上吃早餐，還有不發牢騷，我們可以定出像這樣的價錢：莎拉醒來後在新限制的十分鐘內起床可得一點，醒來後在新限制的二十分鐘內穿好衣服並下樓得一點，如果在任一個早上得到這兩種行為的點數，可以得到紅利一點，所以剛開始每天早上最多可以得到三點，該星期期間總共可以得到十五點（因為在上課那些天才進行，我們讓她在週末放輕鬆，多睡點）。如同上一章和戴維的計畫情況一樣，我們選了六項獎品，剛開始這個數目就足夠了，並且定出其中兩項的價錢為兩點，兩項為四點，另外兩項為十到十二點（可以參考本書後面按照年齡層列出適當獎品的附錄）。你可以放孩子最想要的（最大的）、值十至十二點這個種類的獎品，中等獎品是四點的種類，最不重要的（最小的）獎品是兩點的種類，如此，假設莎拉那天做得很好就可以得到獎品；又假設她一天表現得不錯，隔日表現得很完美（星期一得一點，星期二得三點），那麼第二天她就可以買稍微大一點、中等的獎品，儘管第一天沒辦法買任何獎品。

同時我們也要創造第二種獎品：像足球頭盔這種特殊的額外獎品，在戴維完成火箭登陸月球點數表時就可以得到。莎拉必須努力更久的時間才可以得到的大獎項，例如寄宿朋友家外加披薩和電影，或者她嚮往已久的活動。如果她喜歡去水上樂園，那麼一趟水上樂園之旅就很適合。最了解孩子的是你，所以什麼東西會被孩子視為最主要的獎品，你最清楚。要擁有這些特殊的額外獎品，代價是很高的——譬如說三十五點，表示她可能得花上一個月才能達成——不過她得到的這類獎品是她花在小獎上面累計的所有點數。如同戴維的火箭登陸月球點數表一般，開始為這種特殊紅利獎品製作另一張表，得到五點左右可以增加這種表的點數。每個星期將她在該週得到的全部點數——包括她兌換獎品的點數——轉移到這張特別紅利獎品表上。當她達到特別紅利獎品表的總點數——也就是火箭到達月亮，或者適用在表上的任何主題——她就得到獎品。這種額外增加的鼓勵對於九歲的孩子效果非常好，她通常馬上就有特別紅利獎品表的邏輯，並且很高興追蹤進步情形。

至於點數表本身，我們需要根據年齡做調整。年紀較小的孩子可能喜歡用動畫貼紙來記錄點數，九歲大的孩子可能喜歡稍微莊嚴一點的：打勾、星星或許較合他們的胃口。點數表還是應該貼在明顯、孩子常常看見的地方。點數表的呈現本身就是「前事」，因為看見點數表為良好行為布置背景，會提醒莎拉這樣的行為將會產生獎品。

切記，讚美對於計畫的成功絕對是不可或缺的，考慮給予點數則是你有效讚美孩子的提示，此外，應該隨著獎勵孩子點數而給予讚美，例如，早上莎拉醒來過後一會兒，你應該回到她的房間，說：「很好，妳準備得很好也很獨立了，我覺得妳已經長大了。」

談到讚美，對九歲孩子讚美的口氣也需要調整。你仍然應該保持熱情，但是熱情程度不需要像對待幼兒那般。莎拉的年紀還不到翻白眼的時候（下一章我們將會討論），可是也接近了。要讚美她，而且讚美時要記得保持熱情、言詞具體，並盡可能和先前提到的一樣，口頭讚美與身體接觸兩種方式雙管齊下，但可以稍微用較平靜的熱情方式，和對待四歲孩子的標準有所差別。有些九歲孩子已經把父母所做的每件事都認為是不愉快的，這包括把九歲孩子當成小孩，或純粹只是過於討好父母。所以如果孩子不喜歡口頭讚美時加上擊掌，那麼就對著空氣和她擊掌（「幻象式」擊掌）。對幼小孩子的讚美方式應該像啦啦隊隊長一樣的具爆發性，但是對九歲孩子應該說：**「很好，妳能準時地坐在餐桌上。」**並輕輕地在肩膀上拍一下就夠了。

在獎勵方面還需要注意的一點是：**堅守給予點數的原則**。父母往往要求孩子表現出完美的行為，才會考慮在點數表上添加點數，這是錯誤的。請記住，我們現在是要塑造孩子的行為，所以應該以你和孩子共同尋找可以在表格上獲取點數的方法來進行，但並非要你在孩子沒有真正表現應有行為時給予獎勵，而是要激勵孩子採取行動，如同點數是很珍貴的，不能在行為不夠好時就輕易給嘉獎，只有在做到應該做的事情時才給點數，而且要快快樂樂地給。

在計畫漸漸上軌道時，努力克制自己不要嘮叨。如果孩子沒有按照你的要求去做，提醒她一次，讓她知道這次她無法得到點數，下次再試試看。如果你沒有提醒而她自動去做被要求的事情，這就是進步的跡象，你也可以增加新的計策：如果她沒有被要求或提醒就能夠準時起床、到樓下吃早餐，可以額外得到一點；這裡的用意是減少你的參與，讓孩子在早上養成對自己負責的習慣。父母的減少參與對於促使計畫成功非常重要。請不要忘記，這計畫只是暫時的，你可以逐步減少帶動她進行的過程，直到她把行為養成一種習慣，到時候你就不需要督促及給獎品了。

讓計畫保持新鮮感

計畫進行三天或一個星期後，如果看到進步的跡象，就繼續進行，也可以增加另一項獎勵：給予力行不懈的獎勵點數。如果孩子在某幾天表現很好，可是其他天卻表現不好，這個辦法就特別重要了。在那種情況下，你可以宣布新策略：如果每連續兩天都表現好可以額外多得一點，這樣加起來就有三點。當孩子合乎力行不懈點數的要求，你先像平常一樣給她那天應得的點數，然後再給她額外的點數。具體地肯定這額外的點數並且稱讚她能夠得到：**「嘿，妳今天不只準時起床和準時下樓吃早餐，而且連續兩天都這樣，實在太好了，額外多得一點。」**如果她繼續得到兩天的紅利點數，就可以停掉這種兩天的紅利，延長為四或五天的紅利：如果她可以每天得到三點，而且連續四天都這樣，就可以額外多得兩點；或是如果她一整個星期每天都得到三點，就可以再額外得三點。

如果這樣的進步令你高興，你可以再挑其他需要改造的行為，例如孩子幫忙擺早餐餐具及洗自己的碗盤，就可以得到點數。同時我還會告訴父母，刻意安排讓孩子無意中聽到他們談論孩子的成功會更有幫助：**「你看到莎拉自動下樓來吃早餐了嗎？太棒了，她真的長大了。」**這種讚美對於加強孩子的進步，效果非常好。

進步不夠多嗎？

如果你沒有看到顯著的進步，就拿ABC法則出來研究。先從B（行為）開始說起，例如案例中的莎拉一點都沒做到被期待的行為嗎？她起床或穿衣服的速度一點都沒有比原來快嗎？如果答案是肯定的，那麼立刻縮小範圍，但是要分清楚A（前事）和C（結果）的改變。現在就從前事開始，我們可以做什麼事情來促使這項行為改善？做這項行為的時間到了之前可以先提醒她，因為及時讓迅速與行為之間的可能差距縮到最短，這樣的安排是最有效的。或者你可以和孩子一起做這項行為的第一部分，讓孩子可以順利的開始。把前事和結果結合起來，如果孩子做這項行為需要稍微的提醒，給她平常的點數；可是如果她不需要提醒，點數就多一倍。

如果有關行為問題的答案是否定的，如果計畫進行了幾天後，孩子並沒有做出你期望的行為，那麼是大幅調整這個計畫的時候了。首先把自己當成是協助孩子玩這個計畫制度的人：**「讓我來幫你得到點數，莎拉。」**這樣可能需要和她待在房間，並且拿衣服給她——這只是權宜之計，所以別擔心從此每天早上都得這樣做。你待在那兒（不是只給予口頭上的提醒）是有力的前事，是真正協助她穿衣服。

現在來看B，也就是行為本身。也許是你定的時間限制太急迫了，如果你想要把她穿衣服的時間從二十分鐘縮短為五分鐘，是不會成功的。先試試看從二十分鐘減到十五分鐘，再從十五分鐘減為十分鐘，依此類推。請記住，我們的目的是把早上的作息作改變，漸漸朝著「她能自己做到」的方向進行。我們希望她成功，不需要把門檻提高。

現在來看C，也就是結果，主要是找出你所期待的行為並加以讚美；找尋任何成功的地方，對於任何進展都給予獎勵。至於孩子用賺來的點數去購買的獎品，或許需要再次檢查你挑選的獎品是否受到孩子喜愛，不妨問問孩子的意見。此外，對於完成這些行為的過程以及贏得點數，可考慮增加其挑戰性與趣味性。例如宣布有哪幾天點數給雙倍，例如一星期一或兩次，或是下雨的那幾天（因為下雨天容易令人更想睡覺），或者由孩子選擇（但是一星期最多一、兩次）。藉由調整它們的呈現方式、可以得到多少點數，以及孩子如何控制獎品送出的方法與項目，來修補結果。在雙倍點數的那天，可以好玩地提醒孩子現在是得到額外點數的機會，在她準備好之前開玩笑說：**「不好了，今天妳可能賺到太多點數，讓銀行破產了。」**（開玩笑是在布置氣氛，激起她想掙得更多點數的慾望；建議以不恐慌、不煩躁、不嘮叨的形式來說明，可以提高孩子表現你所期待的行為的可能性。）

關於教養上的期待有個非常重要的觀念，我想再重述一次，父母親剛開始對於行為標準往往定得太高或不切實際：**「每天、每次做這件事，然後我們就會給你獎品。」**當我們塑造行為時，應該從小處著手，我們以好的一天為目標，或邁向好的一天的一個好行為，然後給予獎勵，從小地方逐步朝孩子常常或整天都表現這種行為的程度接近。早上的作息是由許多步驟組合，是塑造行為絕佳的選擇。你可以找出適合用逆向的正面思考的某步驟，朝目標進行，在孩子進步時給予獎勵。

如果你覺得進步情形還不夠，請參考第八章，我將提供更多建議。

兄弟姊妹吵架

在家庭裡面兄弟姊妹吵架的事情屢見不鮮，但是手足的一般衝突，尤其年紀接近時，會讓家庭功能更快喪失。麗莎和克莉絲汀的父母來拜訪我，因為他們九歲和十一歲女兒的行為使他們無時不刻都得盯著她們。儘管年齡不同，女兒們看起來就像雙胞胎，克莉絲汀只比麗莎高一點，但兩人氣質甜美，甚至像天使般，擁有捲曲的長髮。當她們第一次到我辦公室，我實在難以想像她們怎麼可能做出比吹落蒲公英更糟糕的事。

但是不久就現出原形。她們感到無聊、鬥嘴、相互尖叫或打架，然後繃著臉。她們甚至無法和平地一起看電視、玩電動遊戲，老是在爭吵輪到誰拿遙控器或選擇遊戲。「她們沒辦法一起待超過五分鐘。」她們的爸爸說道；爸爸因為在家裡工作，通常是他在照料她們。「她們不喜歡爸媽在身邊看著她們，可是又沒辦法兩人在一起，所以我為了排解糾紛、安撫她們、建議新活動而忙進忙出。每當她們放學回來，我的工作就做不完。我真希望她們能一起留在隔壁房間，但就是沒辦法。」

這個情形要界定逆向的正面思考相當容易。我們希望女孩子們能一起和平共處，一起分享活動、玩具、做決定，用冷靜的聲音，使她們能安分。想要達到父母期望的狀況，是有辦法的：我們要把她們當成一個團隊看待，而不是個人。如果她們兩人都表現很好，兩人都得到獎勵；只要一個人尖叫、打人，兩個人都不能獲得獎品。

首先我告訴她們的父親，必須對女兒清楚表明自己的期待，不要只是說「妳們要注意行為」，最好用具體的言詞列出逆向的正面思考事項，也可以和她們一起作練習。挑選一個適合女兒們進行練習「一起和睦共處」的時段，在她們表現這樣的行為時，一定要給予具體的讚美：**「那樣很好，乖女兒，妳們能夠輪流玩電動遊戲，心平氣和地說話，姊妹這樣相處真的很好。」**這種說辭有助於她們明白你對她們真正的期待。

這對姊妹花的點數表看起來和用在一個孩子的沒什麼兩樣，但給予點數時是把她們兩人當成一體，而非給其中一個人或另一個人。把點數表貼她們容易看見的地方。點數表分成二十分鐘或三十分鐘的區段，讓她們自己處理事情，不需要父母親插手。如果每個時段她們愉快地一起玩耍，沒有發生爭執，可以得到一個點數；如果不能做到輪流和分享活動，最好是由你親自放點數上去，不要讓她們做這件事，可以避免製造她們為了誰去點數表上放點數而吵架。你應該偶爾去查看她們一下，而非整天在她們房間；盡可能多給她們自己負責處理事情的機會。當她們得到一點時，務必要記得讚美：**「妳們能夠和平相處，這樣子很不錯啊，女兒。」**如果讚美時可以加上一點強化效果的身體接觸，例如拍拍肩膀，那麼就去做，但是絕對不能勉強。

或許你可以用廚房計時器來標示這二十分鐘或三十分鐘的時段（如果她們可以應付的話，可以再久一些），在計時器叮鈴作響時，你走進去告訴她們是否得到點數。根據我們的研究顯示，一旦孩子習慣計時器，離計時器鈴響時間愈接近，他們的行為表現傾向於更好，而就在計時器叮鈴作響當下，行為表現會最好，為計時器重新設定下個時段時表現最差。有個可以緩和這種作用的方法是，增加紅利點數。除了在計時器響的時候進來檢查她們的狀況，沒響的時候也偶爾察看一下。如果你看她們在房間裡面相安無事，就給她們紅利一點。如果你在剛設定完時間不久就來察看，等於是在她們傾向於表現最差的時候，激勵她們表現得更好。

建立出獎品結構，讓她們可以一起用點數贏得福利品：一次特別的集體郊遊或她們喜歡的事情。如果你擔心她們不想要相同的獎品，或她們不喜歡因為一起得到的獎品，花更多時間在一起，可以提供獎品目錄，在她們贏得獎品時，讓她們每個人從獎品目錄中挑選一項。獎品可以包含兩個分開的項目，但是要注意一件事情：她們兩人要不一起得到獎品，就是兩人都沒得到。你要獎勵的是「團體行為」，所以她們兩人都必須表現出符合得獎的行為，即使可以拿個人獎品。

要讓計畫成功的一個方法是，依據行為是否良好來繼續進行一項活動。如果行為失當，給她們一次警告，而且只有一次，如果再次發生不當行為，那麼她們正在進行的活動就得停止，而且不能得到點數：**「抱歉，女兒們，這次不能得到點數了，但是我們待會兒再試一次。」**你也可以利用點心或其他自然中斷的時刻，中途「重新設定」，譬如說女兒們通常約一小時後就容易變得暴躁，如果她們在前半小時的時段表現不錯，給她們一點，讓她們繼續那項活動。假如第二個時段也進行得不錯，另外給她們一點，每次給點數時務必要加以讚美。如果大約一個鐘頭後她們自然地開始不安分，此時就是給她們休息吃點心的適當時機，接下來她們可以再回到先前的活動，或開始進行新活動。不過這裡有個要訣：半個小時後如果她們不能得到點數，就不應該給點心吃或開始進行刺激的新活動，因為點心或刺激的新活動像是在獎勵失當的行為。

逃避功課

近來學校功課一大堆，而家長也被期待要一起參與，因此平常日的晚上對父母而言，常是種很耗時間的義務，更要命的是，非得跟孩子吵架他才肯做功課，或是不管父母多麼努力督促，孩子就是不肯做功課，在這些情況下，作業就會變成主要的家庭問題。凱文十一歲，是個動作迅速又稱職的學生，老師曾經說他「非常有潛力」，有時候，課堂上其他學生滿臉困惑的坐在椅子上，凱文往往是唯一會舉手答題的人。他特別擅長數學和科學，最近開始展現薩克斯風的實力。我們知道學校作業難不倒他，問題在於他不肯坐下來寫作業。他向來都排斥做功課，但起碼還算聰明，只要付出一點點努力就應付得過去，這全得靠父母給予相當大的協助，可是他現在已經五年級了，問題比以前更加嚴重，爸媽覺得不能再這樣繼續下去了。

他們描述週一至週五下午和晚上的一般情況：凱文藉故玩電腦遊戲、看電視、吃點心、閒晃、自願去蹓狗而拖延或逃避寫功課——只要能夠不坐下來做他應該做的事情，任何事都行。經過父母吼叫、請求、威脅利誘之後，才能讓他坐下來寫功課。可是他們才剛鬆懈防衛，凱文馬上就故態復萌。「他並不是過動兒，」母親說道：「在別種情況下他還是能夠靜靜地坐著，就是不想做功課而已。」他們既生氣又擔心，並且為此下了猛藥：如果他的作業得甲等就答應送電吉他、如果不做功課就禁止他再打籃球，或咆哮類似這樣的話：**「像你這種態度，一輩子都別想進大學了！氣死我了！」**

所以，我們還是趕緊來解決這件事吧。對於凱文的狀況我們很清楚了。他使盡辦法逃避功課，即使坐下來寫作業，不到十分鐘又起來摸魚。我們心裡也很清楚希望他做什麼：坐下來安靜地幹活，好歹一次要三十分鐘。做完所有的功課要花一個半小時以上，但是剛開始一次做三十分鐘就好。先從十分鐘慢慢延長到三十分鐘的做法是合理的（他一直沒辦法靜下來寫功課，所以他的起始數字是零分鐘，那種情況下，三十分鐘並不是個合適的目標，所以剛開始先設定十分鐘左右，等他能夠做到這一點，再慢慢延長到三十分鐘），請記住，**基本的重要原則是以他為出發點─從他做得到的地方開始，而不是我們認為他可以做到的地方。**

我們要了解，此時預備事件是非常重要的。如果你還記得的話，預備事件即前事，也就是安排可以讓某種行為更可能發生的環境。關於預備事件一個很好的例子是，在第三章我們為戴維訂立就寢前的作息：平靜與低刺激的作息，以建立一個可以平和轉移到上床睡覺的背景。固定作息是重要的預備事件，有了這樣的認知之後，讓我們著手建立放學後的作息。凱文放學回家後給他一些緩衝的時間，在這「自由揮灑」的一小段時間可以讓他逐步調適，然後在所規定的時間（每天都相同）——譬如說四點半——開始做功課。剛開始明確、清楚地提醒他：**「凱文，現在請你開始做功課。」**除了時間要固定、清楚，做功課的地方也必須固定，如果能夠有張做功課專用的書桌，會比使用餐桌更好些，因為坐在餐桌前是別種行為的預備事件，例如吃點心或家人聊天。而且父母也不能置身事外，如果你利用孩子做功課的時間看電視或玩他最喜歡的電腦遊戲，對他一點幫助都沒有，不是嗎？

起初，你必須密切參與，確定孩子真正在做該做的事，因此最初幾天要求他開始做功課後，要補充一句：「我會幫助你。」第一天或第二天，你得和他坐在一起，試著做點幫助他認真寫作業的必要工作；至於這種「工作」，我指的是給予鼓勵及靜靜地讚美，而非真的幫他做功課。在此並不是要你用歡慶的聲音讚美他，大聲誇獎和如雷貫耳的擊掌聲都不適宜，較平靜和尊重的語氣是要訣：**「凱文，你的數學題目答得很好，確實按照規定坐在這裡認真寫功課，你看看，已經做一半了。」**換言之，讚美他在做功課的過程中表現不錯的地方（而不是讚美他有多聰明），因為那才是你想加強的地方，同時不要忘了加上身體接觸。

幾天後，你就可以漸漸減少參與度，開始離開孩子的房間——去準備晚餐、去打電話……，然後再回來，讚美說你不在房間這段時間他能遵守規定。找個理由再度出去，然後進來看他是否乖乖做功課。你也可以調整做功課期間的開始或結束；剛開始調整的時候可以說些像這樣的話：**「凱文，現在是功課時間，你要開始寫作業了，幾分鐘後我再回來檢查。」**如果剛開始他還無法穩定下來進行功課，就和他待在一起，改在最後快做完的五分鐘前離開，下次則改在十分鐘前，依此類推。這兩種辦法都可能成功，但是可以選擇阻力較小的途徑，亦即從他做得到的地方開始。如果他的問題在難以安定下來，就幫忙使他穩定；如果在他開始做功課之後，難以貫徹下去是主要問題，就讓他自己開始做功課，但是幫助他繼續保持下去。

這種活動的點數表很簡單，每十分鐘持續專心坐著寫功課可以得到一點，所以二十分鐘得兩點，三十分鐘得三點，依此類推。在點數表加點數時也要給予讚美——剛開始每十分鐘如果他得到點數，就放上點數的記號——而且在作業時間順利進行完畢時務必要加以讚美。（你可能以為答應給點數是這項計畫的重頭戲，其實不然，事實上，讚美才是最重要的。點數要與讚美雙管齊下，而且請記住，我所說的「讚美」是指「有效讚美」：熱情、具體而徹底，盡量在孩子達到你所期待的行為時馬上讚美，而且盡可能透過一種以上的感覺來傳達——例如聲音加上觸覺。）作業點數表應該放在他做功課看得見的地方，它呈現的作用就像預備事件般，可以鼓勵期待的行為產生。你可以訂立短期和長期獎品的結構，應該包含一些只要幾個點數就可以得到的獎品，例如假使他一天最多可以得到四點，就把最小項獎品的價格定為三點。

另外，我應該補充說明，凱文的作業計畫效果非常好，所以他的父母運用同樣的計畫在練習薩克斯風上，而且也非常成功。

讓老師一起參與計畫

這兒還有個值得一提的情況：父母常常感到挫敗的地方是，他們的孩子放學回家說：「今天都沒有功課要做。」如此便打亂了設計用來培養每天在固定時段做功課的計畫，有個辦法可以解決這個問題，那就是讓老師參與日常報告的作息。老師給孩子一張列出當天的指定作業的卡片，孩子把卡片交給父母，就可以在作業點數表上得到一點。

你也可以使用卡片制度，再根據老師的意思，設計為家裡的輔導加強計畫，以改善在學校時的行為。譬如說平常的舉止態度有問題，孩子每天會從學校帶回一張卡片，上面有老師評定的等級，假設是三種行為類型：例如安分守己（不推人或打人）、上課時間安靜聽講，以及和其他孩子說話有禮貌（不嘲笑、罵粗話之類）。孩子交出這張卡片時可以得一點，並且根據這三種行為表現情況各給一點或兩點（例如中等得一點，非常好得兩點）、但如果像是推人、沒有安靜聽講的話，就沒有點數。

老師對卡片上的三種行為分別做記號，只要小孩把卡片帶回家交給你，就可以得一點。你看看卡片，根據老師對當天評定的結果給予點數，對每個做得好的地方一定要加以讚美。如果有一種以上行為表現沒有點數，一定要說：**「也許明天就可以得到點數。」**也可以在卡片上作各種變更，例如孩子經常拿到中等程度（老師常常圈出卡片的第二項），你想要改進那項行為，你可以刪除中等程度行為的點數（改成只有讚美，現在把它當成逐步邁向目標的步驟），只針對第三項非常好給予兩點的獎勵。曾經有位老師為我們診的一個家庭進行輔導加強計畫時，在卡片上寫第四項，註明孩子那天表現得完美無缺，這也很好，值得給紅利一點，不過我們還是不要過度期望完美才好。

* * *

由於六到十二歲的孩子正在發展能力中，而且正逐步往外面的世界擴展，和別人往來也益趨頻繁，你將面對各種和本章例子類似但不完全相同的狀況。在你採用這裡的方案來應付其他挑戰時，請記住我們的策略其主要原則都是一致的：

- 辨識孩子現在的行為。
- 辨識逆向的正面思考。
- 朝著逆向的正面思考的行為努力，當那些行為有進步跡象時，應給予獎勵。

當然其中成功與否牽涉到許多巧妙的細節，而且隨著孩子先後步入青春期前、青春期，會變得更加複雜，不過你仍然可以善用基本策略。

5

前青春期的孩子——
態度惡劣、語言粗俗、單獨在家及其他問題

這個年齡層的孩子似乎帶給父母更大、更困擾的事情，父母們不僅要擔心眼前的事情，對於不久的未來可能產生的問題也得操心，他們了解今天的暴躁脾氣、鬱鬱寡歡或偏差的獨立，到了叛逆的青春期很快就會完全爆發：當場拒絕去做他被囑咐的事情、怨天尤人而且穿著打扮上可能令人難以接受、整天冷嘲熱諷和翻白眼，和家人在一起總像度日如年般難以忍受，直到離開家裡才算解脫。

家有青少年的父母親常常向我抱怨孩子沒大沒小、過早藐視他們的權威以及日益增加的輕蔑氣氛，但他們強調的是自尊心受傷害的情形。「他嘲笑我們，」他們說道：「不，其實更糟糕，他假裝嘲笑我們的方式真的令人煩惱。」或者他們可能說：「他還沒真正和我們對抗，但老壓低聲音說話，剛開始每次我們聽到他用這種態度就處罰他，結果整天都得處罰他，家裡簡直就像是戰場，現在我們只希望他能夠改變。」

他們不只是內心受傷而已，簡直快瘋了。我常常聽到：「我們做的事情不應該得到這樣的對待。」他們常常督促孩子去朋友家、參加社會活動和打球，付錢買的衣服絕對不能穿得像要被送去收容所的流浪漢，總是慷慨的掏錢讓孩子學音樂、舞蹈或其他才藝，孩子身上總是不缺錢。他們設法保持溝通管道暢通，在孩子面臨困難的人生階段，也總是努力去了解與原諒，他們覺得自己所做的這一切，孩子實在沒有權利以這樣差勁的對待態度他們。青春期前的孩子希望被當成成人，可是表現出來的行為往往卻像個自私的大嬰兒，使他們好苦惱。或許十二歲的孩子會慢慢長大成二十二歲，但他總是有能力表現得像七歲孩童。

其實你沒有必要忍受這種行為，可是如果對每項壞行為都加以處罰，情況將注定惡化。想改變孩子對你態度的最好辦法是——和他一起改變他的行為，而且我們知道該怎麼做。所以我告訴滿懷委屈的父母親，暫時忍耐住受傷的自尊，用我的方法試試一、兩週。剛開始，把「不尊重」的行為列舉出來，因為不尊重的觀念是抽象的，我們將具體說明。

我們先別去想「畢竟我們為你所做的……」，也先不要有「仇恨式管教」的企圖，如果永無歇止的處罰真的可以讓孩子的行為變好，我會建議使用，但事實並非如此。其實嚴厲與暴力的處罰，往往會助長孩子挑釁與攻擊的機會。而愛他主義的教養法——不管他對你的態度有多可怕，你還是有同樣的衝動想和往常一樣給他食物、接送、保護與熱情——現在需要你跳離傷心的感覺，對他的行為採取較超然、有技巧的方式。

以前瞻性的眼光看待孩子

儘管我對於有青春期孩子及教養煩惱的家庭寄予萬分同情，他們得度過幾年的艱辛歲月——相信我，在我的執業經驗中見識到最艱辛的情況——在此我要提出兩個或許能改善你前景的逆向思考。

首先，青少年不見得都和這種惡名昭彰的名聲劃上等號，根據研究顯示，大多數孩子在青春期都表現得很好，沒有出現可怕的挑戰或其他令父母頭痛的問題，因此過去認為青春期孩子會引來家庭風暴與壓力的舊觀念已經被大幅推翻；研究同時也顯示，父母親可以預先做準備，在十來歲這段期間到來時化解孩子的衝動行為：讓孩子和家庭建立親密關係，幫助他培養良好的價值觀與能力等等。（本書最後我將針對這點做更詳細的說明。）儘管會產生衝突——例如為孩子應該擁有多少獨立空間而僵持不下——仍然有許多你可以努力避免讓事情成為危機的地方。

其次，青少年不如你所想像的是人生當中易走入歧途的階段，孩子不見得在某個年紀就可能注定會迷失自我，又在某個年齡後重新恢復理智，雖然有時候似乎會看到很多這類情況。一九八○年代，我參與一項研究調查青少年的討論會議，同事和我花了好幾個鐘頭熱烈辯論，想為青春期階段做出實用的定義。最後我們把範圍擴大，從十歲（以免漏掉早熟的人）一直到個人大體上能為自己做主（高中畢業、離家念大學、念大學但住在家裡等等），而且個人之間的差異性也非常大。有的十一歲的孩子可能才剛進入前青春期，有的孩子看起來卻儼然像個青少年了；或是同一個孩子可能在某些方面較先進，有些方面卻不然。在這場討論會議中，「前青春期」與「青春期」這類名詞幾乎被抨擊得體無完膚。事實相當明顯，只憑著年齡範圍就斷然區分出前青春期與青春期，並沒有實際效用。

這些孩子是怎麼了？

在孩子邁向青少年的過程中，以尊重的態度將前青春期與青春期視為連串開放與發育階段的重疊變化會比較正確些。一般變化在這個時期相當明顯：性成熟、不在家的時間增多，而且受同儕、朋友、其他成人的影響比你更多。此時孩子的腦部功能也正在產生變化，腦部中控制問題解決、計畫與思考的路徑都在轉變，影響到這個年輕人如何和外界交涉。例如在青春期開始出現冒險行為不只是腦部功能改變造成的，研究顯示，和經歷類似轉變的同儕也有關聯。

對於家庭生活與兒童行為的關聯，有幾個主要的壓力和轉變的地方顯示家庭必須跨越，包括下面這些：

父母親可以逃避這種轉變的唯一辦法就是離家出走，這句話可不是輕率冒出來的，根據統計，離婚最危險的時期是在家裡的孩子成為青少年時（但是身負科學家的職責，我應該補充還沒有研究報告找出其原因和影響，這可能是成人中年危機的偶然時間點）。直到前青春期的孩子出

兒童階段

（十至十二歲及更小）……

＊需要保母

＊不化妝（口紅、眼影）

＊較少參與選擇服裝和髮型

＊不穿任何環洞（除了女孩子的耳朵之外）

＊很少或沒有性交活動、避孕

＊在外的空閒時間幾乎都受到監督

＊不抽菸、嗑藥或喝酒

＊沒有宵禁問題

進入前青春期／青春期

（十至十三歲級以上）……

★沒有保母——我不需要保母

★常常化妝

★自己決定要穿什麼，不會和父母商量，除非是要買更多衣服的時候

★在耳朵和身體各處穿環洞，女孩、男孩都一樣

★更多性交活動並且使用或擁有避孕措施

★在外的空閒時間有時候或很多時候沒有受到監督——放學後、在購物中心、附近地區等

★有時候或常常暴露在菸、藥、酒的環境中

★你必須在……點之前回到家

* 不會為了音樂爭吵或開得太大聲
* 在作息決定上較被動（例如偏好的食物、偏好的牙膏、房間的擺設和感覺）
* 情緒相當穩定；偶爾會因為生病、疲倦和肚子餓等原因而焦躁
* 排擠某個孩子或說他的閒話，但沒有真正花很多時間在這上面
* 對家裡吃什麼晚餐或週末安排的活動都沒意見
* 希望家人都能一起待在家裡
* 很少或沒有用到暗語或咒罵以及超出卡通、兒童節目以外令人懊惱的語言
* 很少自我反省或對生活反省

★ 對音樂感到狂熱，在音量、內容與品質等方面更常爭吵
★ 對各種事物都有主見和喜好——包括把你從沒聽說過或無法忍受的名人海報貼在你剛粉刷過的牆上
★ 情緒起伏較大，更多不明原因的焦躁
★ 感覺像在戀愛中；不停的聊天、傳簡訊、閒逛
★ 我朋友的父母較風趣或較酷，他們的食物較好吃而且家規也比較少
★ 我不想像你一樣；住在這裡很無聊
★ 從同儕、電視或音樂那兒學到罵人的話或暗語
★ 反省、灰心、身材問題……全都令人更緊張

現上表右欄這些狀況，父母往往才會想到左欄所列主要情形的演變。突然之間，從前還不懂得自己去浴室的這個年輕人，不過短短幾年，他對每件事情都有意見，而且這些可能是很極端、清楚、強烈、粗淺的觀點。

所以在我們處理特定行為前，先考慮父母對於青春期孩子及他們情況的觀點有什麼不同。

我在前一章開頭提到的許多孩子行為上的變化仍會持續下去，而且進入這發展階段後變得更加明顯。父母控制範圍愈來愈小，愈來愈脆弱。隨著你和孩子的關係更常擴及到家以外的地方，公眾場所的尷尬事件成為更重大的問題；此外，孩子的生活不受到監督的時間也變得更多。由於保母漸漸成為過往的事情，家庭必須處理孩子獨自在家可能發生事情的機會也增多，如果家裡有任何危險的事情或濫用的東西（武器、酒精、香菸），風險也將大為提高，而且更具毀滅性的行為也可能發生，如果事情到了失控的地步，前青春期的孩子可能破壞東西、傷害他自己，甚至傷害你。

和以前比起來，學校也變得更加重要，孩子有更多事情必須做，更多的責任必須承擔，但他可能對這些不太感興趣，花在上面的精力也比以前還少。朋友關係吸引他更多的注意，而且下課後和週末黃金時間也都喜歡和朋友為伍。在家裡，父母的影響力大不如前，而「強化物」（讓某種行為在未來更可能重複產生的獎品）也愈來愈無法掌控孩子。當孩子還小的時候，你的讚美甚至比獎賞他的小獎品還管用，對好行為是非常有效的強化物，可是當孩子接近青春期，開始宣示更高的自治權，你的讚美暫時不再具有那麼多價值，因為這些話是由你說出口的。孩子想要減少對你的依賴，所以往往輕視你所提供的一切——除了強化物之外，還有無條件的愛、良好行為或道德的榜樣，以及其他所有教養上的要素。當然，在某些方面你也比以前更重要：你的穩重、堅定的言詞，以及作為引導他回到家庭燈塔的這種價值。然而，孩子在接近青春期開始追求獨立，父母親會意識到自己說話的分量不再像以前那般重，往往使父母產生「漸漸失去」孩子的感覺，但這是暫時的（父母通常覺得青春期結束時孩子又回到他們的「懷抱」），因此你可以做些調整。例如，當你發現讚美不再像以前那麼具有分量，強化物可以變成——和朋友一起看電影或吃披薩、寄宿別人家、和朋友去購物中心——這些在這階段的效果也很不錯。

你將發現自己正逐步進入比以前更加危險的教養地雷區。由於行為改變，風險提高，你會有更多嘮叨、責備的機會。突然你會發現，自己正經歷年輕時候發生過的那些事情，這是怎麼回事呢？你不確定，可是當你在教訓瞪著眼睛的十三歲孩子，斥責他所有美好、正當的事情全都退步了，你可能就在地雷區了。

前青春期的孩子在某些方面還只是個孩子，在其他方面卻又不是。性交和藥物在這時候可能還不是主要的家庭問題——雖然我們知道很多青少年在做這樣的事——不過這些問題還沒超出警戒線，這個階段孩子才剛開始對它們產生好奇。孩子的情緒和精力每過一天就產生變化，使父母擔心是孩子正在濫用藥物的徵兆——當然這可能成為他們必須處理的問題——不過這也是山雨欲來風滿樓的徵兆。在青春期，不管是男孩女孩都會變得較暴躁，行為也會有些變化。男孩常常變得較具攻擊性，女孩則變得較容易沮喪並且擔心身材。整體而言，在初期幾年男孩和女孩都變得較敏感，對一些小事情可能產生反應。

研究顯示，有幾個和性別相關的事情值得提出來討論。和同儕比起來身體發育較早熟的女孩往往自尊心較低、言詞較負面、反映出自己的問題：**我沒辦法做這件事，我不善於做那件事，都是我的錯**。男孩則呈現出相反的型態。在同儕當中較早熟的人擁有較高的自尊心和自信心，而且也較受歡迎。相關的身體研究報告顯示，在青春期與前青春期之間，女孩說話時傾向於把責任往自己身上攬——認為過錯是由自己產生，即使可能不是她們造成的也照樣道歉。反之，男生則習慣把事情往外推：**這不是我的錯，如果你不希望我打你的臉，就不應該將臉擺在那裡；我扒走那片DVD是被爸媽逼的，他們不讓我拿零用錢買**。

緊急的問題似乎就要產生了，其中有許多是很小的家庭悲劇（然而如果是前青春期的孩子就不能說「很小」了）：這樣的髮型／衣服我那兒都不能去，我不能加入團隊，在派對中他甚至沒瞧過我一眼，我是世界上唯一不能玩電腦遊戲的人等等。

挑戰規範

前青春期孩子常常試著要擴展他們的自由範圍，這些朝著自治權邁進的正常舉動卻會造成親子間的衝突。爆發點可能會是服裝和個人習慣這種小事，但看似微不足道的化妝或衣服問題，卻可以演變成激烈的爭吵。孩子正發展出一套新的需求以及悖離教養規定的「需求」，包括從價格過高的酷鞋到興致勃勃地節食或增重。

還有一項你可能注意到的發展，而且是令你厭惡的，那就是前青春期的孩子接受別人的意見，卻不聽你的話了。那些意見的來源讓你心理非常的不舒服。突然間他會引用朋友、朋友的父母、教練、運動員、饒舌歌手和實境秀主持人，這些人的智慧在他心目中已經凌駕了父母。你將發現，和他爭辯的事件範圍愈來愈大，包括他的未來。對急於主張自己獨立的孩子來說，還有什麼辦法比表達出和你那些教育和前途話題相反意見以擊垮你還來得更有效果？

在你眼裡，孩子的判斷力似乎正在退化中，而不是漸漸進步；儘管如此，孩子的發展過程自有他的時間表。即使是平常循規蹈矩的孩子，以及後來表現得愈來愈好的人，危險行為的增加也算是很「正常」的事情。不管是男孩或女孩，偏離正軌的行為都在逐漸增加，即使過去不曾有過冒險舉動的孩子，對於酒、藥物、吸菸或性也變得好奇，有些孩子開始親身體驗一項或全部。他們可能犯點小錯，例如打架、偷點小東西（當五歲的孩子在商店裡把棒棒糖放進口袋，只是件令人難為情的事；當十三歲的孩子做出同樣的行為，可能是從警察那兒得知的），或毀損財物。到了青春期，有五成男生及兩成到三成五的女生至少做過一件有過失的舉動（非法行為），其中尤以惡意破壞和扒竊最普遍，而構成法定犯罪的行為也在增加，因為年齡的關係這些行為變成非法，例如未達法定年齡飲酒和性交。

即使整體表現都很好的孩子也會翹課、由原本外宿朋友家變成未得到允許就去夜遊、測試儀容允許的底限（如果怪異的髮型沒問題，那麼穿洞或刺青呢？）或偶爾進入不良網站等方法，探測行為底限。有個家庭來看我的門診，他們家十一歲的女兒和朋友出去，沒告訴父母親一聲就在身上刺青，這種冒險舉動有些只是令人煩惱，有些呈現出的問題是你可以理解的，有些純粹是危險行為或暗示即將發生實際的危險行為。例如，你的孩子和朋友可能沒有很多喝酒或開車的機會，卻可能搭上其他喝酒的人開的車：朋友有哥哥姊姊，較小的孩子則可能會仿效年紀較大的同伴。

即使你允許冒險行為自然增加，也必須決定哪些事情沒有商量的餘地，然後確實按照加強的規定進行。你可以提出那些沒得商量的冒險行為——例如，**不允許刺青，除了耳洞之外，其他地方不准穿洞。如果你想穿洞，等你十六歲我們再作討論**。不過你也得考慮嘗試冒險行為的小差別，例如研究顯示，在青春期從未嘗試過危險行為的孩子，日後擔負這些行為的風險是一樣的，在某些案例中甚至比嘗試過一些的人風險更高，換言之，嘗試是正常的。好，如果刺青在這個階段不允許，那麼好學生翹課又該怎麼處置？你不能寬容這種行為，但是你對於犯這種行為與未經你的准許擅自外出並穿舌環，這兩者間的反應應該有所區別。如果孩子在穿著、髮型方面想做美觀上的突破，可以考慮答應這類不會造成永久結果的事情。當然你也不能對每件事情都表示贊同，但如果可以商量，就盡量試試看。（有時這樣做會很辛苦，也可能有某種樂趣，如父母和女兒在討論可以化妝或裸露肌膚到怎樣的程度，而為這些細節唇槍舌戰。）如果孩子想冒著耳聾的危險，把音樂開得震天作響，可以嘗試在某個適合的時間，讓他可以在家大聲播放音樂。

孩子的朋友也需要注意，因為同儕的影響力和以前不可同日而語，會把危險行為推向難以控制的後果，以及產生真正的危險性。即使是普通的危險行為也需要加以注意和限制，因為孩子會落入制度的陷阱（例如被警察逮捕），為它付出一連串的代價：拘留、退學、特殊教育。你必須陪在孩子身邊，必須讓孩子融入這個家庭，即使需要他的朋友也一起參與家庭活動。

例如，女孩子常常兩個人或一大群人結伴一起去購物中心，有時候這樣的活動需要到某個人家裡，在那裡就可能發生其他事情；但這樣的行程也有可能是和男孩子會合、抽菸以及其他活動的障眼法，亦即你必須提高警覺：知道和誰一道去、利用接送的理由和別的父母進行檢查，如果女兒有手機，可以在她到達購物中心時和她通電話。儘管你需要掌握她的行蹤，務必讓她知道你這麼做是因為愛她，而不是因為不信任她或她的朋友。她不見得完全相信你，但那就是生活，你必須知道她到底在做什麼。

也許你並不渴望和孩子的朋友在一起，但是讓他們在你的視線範圍內，總比讓孩子到別的地方不見蹤影來得好。這意味著你孩子和他同伴在星期天無精打采地跟你們吃晚餐，也意味著你得護送這些傢伙去一場或兩場討人厭的音樂會。當你把孩子送達他們的地盤要離去時應保持笑容，當孩子和朋友在你的地盤時應表示歡迎，提醒自己，他不知不覺就會長到十八歲。

家庭價值觀

父母親發現，當孩子傾向冒險和嘗試而日漸壯大時，他們漸漸失去直接的影響力。為人父母的你過去是如何和孩子產生互動，對於現在你們之間的互動產生非常重要的影響力，這對你繼續塑造孩子生活的能力會是個關鍵，而且也是很有意義的部分。如果這幾年來你採取的是嘮叨、吼叫和嚴厲處罰的方式，那種投資將要以複利方式來償還，或者，你青春期的孩子對於追討這種利息興趣缺缺，變成一個愛躲躲閃閃的人，和你漸行漸遠。

相反地，此刻對於採取良好、正面教養方式的人來說，正是獲得利益的時候——所以落實你們良好習慣永遠不嫌遲。繼續強調傳統價值與活動很重要，如此可以幫助孩子度過最艱困的青春期。你必須持續用言語和行動灌輸孩子，和家人一起做事（進餐、郊遊、分享計畫）、上學、做家事、承擔家庭責任及幫助別人，都具有價值也很重要。研究顯示，結合傳統價值對於孩子的未來有所助益，就像注射心理預防針一般，可以抵抗「青春期流行性感冒」。在研究中，偶然被指定加強這種價值的孩子，在日後表現較好，根據估計，他們曠課、物質濫用、惡意破壞等方面的比率都較低。

不同家庭使用不同的活動來加強孩子的價值觀，我所列出來的只是部分的例子，其中可能包括：固定的家庭活動，單親爸媽和孩子團聚（例如，週末下午父女固定的遊戲，或週日上午母子固定到咖啡店坐坐），培養一起活動的能力（音樂、運動、嗜好），宗教典禮，家人團聚以及直系親屬以外的親戚聚會，當志工，共同看一本書並且討論（也就是說，教導孩子知道閱讀是有趣的，不只是嘴巴說說而已，應該身體力行），或者，如果閱讀無法發揮家庭力量，可以組織固定的聊天會討論新聞，給孩子參與及發表意見的機會；訂閱孩子可能喜歡的雜誌並且參與討論，把雜誌放在家裡各處，鼓勵孩子對它產生興趣。

有些前青春期或青春期孩子的父母看到上面列出的項目，已經在預期孩子對這種建議的反應。是的，從十三歲孩子的角度來看，會對這看起來彆腳的活動產生厭惡，身為父母的你只能慢慢來。不過在這些項目中一定有某種活動能引起孩子的興趣。准許孩子帶一、兩個朋友來家裡吃晚餐、到運動場或海邊，甚至可以鼓勵他這樣做，因為即使有他朋友在場，這仍然「算是」家庭活動。

對於家庭活動或其他期待孩子表現的行為，這方面的花費應該慷慨些，如果新的腳踏車或新的繪畫用具能引導他培養能力及接近好的同伴，那麼就要捨得花錢，這是值得消費的。相反地，如果錢是花在一些可能讓孩子置身在增長挑釁與攻擊性的地方，例如像暴力電影或電動遊戲，那麼荷包就要看緊一些。

在這個階段，父母親的重要性有增無減，即使和以前比起來你的陪伴顯得較不受歡迎，即使孩子常常推三阻四就是不要你陪伴，還是得堅持多花點時間和孩子在一起。應該隨時出現在孩子身邊，盡量安排固定每星期一起做事，像雜務或外出買東西。即使開車接送小孩這種看似不討好的工作，也給你時間和孩子說話或只是在一起。這些固定、平凡的時刻，是加強親子關係及談論重要議題（性、藥物等等）的好機會，可以自然地切入這類話題，以免產生「討論重大事件」的壓力。

妥協的藝術

私下考慮哪些方面是你可以妥協的，哪些方面又是沒得商量的。在擬定你可以妥協的的項目時，找出方法來延伸這些事。對於在十幾歲階段可能變化不定的一些行為和問題，例如選擇做些損人不利己的事情和講太多電話等，試著多給一些彈性空間。在考慮你對於潛在衝突方面的反應時，問問自己，這件事情在十年內會有什麼差別嗎？我們可以放過一馬嗎？

父母親應該注意自己在規定與行動方面，堅持與頑固不靈兩者之間的差別。你希望自己堅持下去，但是也可能必須做更多妥協。如果發現自己說出這樣的話：「以前我不允許這種事發生，現在同樣不可能。」特別是在處罰孩子之前這樣說，應停下來思考是否該是改變策略的時候了。身段盡可能柔軟些，或暫時走開。暫時離開火藥味很重的戰場，等比較平靜些再回來和孩子商量。當你準備離開房間時，務必要阻止自己扔出一顆語言手榴彈，例如，**在你像小嬰兒一樣咿咿呀呀個沒完，聽起來很蠢的時候，我不跟你講話**。氣餒會使你禁不住對著很容易被激怒的孩子說出這樣的話，可是此話一出口，不久的未來你很可能得面對更多不尊重的態度。

基本原則是：遇到狀況時理性地讚美，例如：**我喜歡你今天自己處理的方式，先回家告訴我發生什麼事情，並且徵詢許可，這樣的計畫和想法都很好。**

或許你會懷念在雜貨店時只是希望孩子乖乖待在你身邊、收拾他房間地上的東西，以及晚餐時正確使用餐具的那段歲月，這也是正常的，那個階段的確是簡單多了。

適用於前青春期的方法

在第三和第四章所學到的原則和技巧用在前青春期孩子身上並沒有不同，（事實上，用在成人身上也不變。）但是如何使用將造成很大的差異，這也是本章我要強調的重點。假設你已經有經驗了，我將告訴你如何調整套用在青少年身上。相較於先前處理年紀較小孩子的問題，協商在這個階段就顯得重要多了，父母無法再單獨憑藉權威而輕易進行計畫，一些強化物和點數協商就會使得父母喘不過氣來。在這個年紀，讓孩子多講幾分鐘時間的手機或延長和朋友在一起的時間，也許就是很好的獎勵，即使你對這種方案並不很熱中。

當然還是可以使用點數，而且可以更放心的把嘉獎點數和孩子行動結合，讓孩子得到直接福利：**如果你連續四天好好做功課，星期六就可以出去**，或者**如果你在四點鐘下課後打電話告訴我你在哪裡，就可以和朋友待在外面到五點鐘，可是如果四點鐘沒打電話告訴我或五點鐘沒回到家，第二天放學後就必須直接回家。**

讚美時不放馬後炮仍然很重要，可是要降低你運用在小孩子身上那種熱情洋溢的語調，讚美時應乾淨俐落，不需要過分吹噓，只要簡單這樣說就行了：**你這樣做真的很好，正好按照我們約定的時間打電話給我，而且能準時回家**。無聲的擊掌或碰觸肩膀，只要覺得很自然就可以了。

青少年在外面的時間以及不受父母監視的機會比以前更多，因此需要用新方法來監控一些行為。儘管手機有時候很討人厭，卻成為一種有用的工具，因為孩子用它打電話非常方便，即使你在上班也可以檢查孩子的行蹤。你也可以在事後多加以監視，像檢查你不在家時要孩子做的家事和功課。檢查是很重要的，研究清楚顯示，較少檢查與監督和孩子表現更危險的行為有關聯，我發現很少有例外的情況，所以父母務必要知道孩子在哪裡。

現在就來探討幾個案例。

態度不佳

家有前青春期孩子的父母常常抱怨孩子的態度不好，可是要解決態度惡劣的問題並不容易，部分原因是就某方面而言它難定義。當你真的坐下來想要把它描述成一套行為，會發現自己陷入模糊地帶。「我們跟她講話的時候，她好像心不在焉。」海瑟（Heather）的爸爸如此形容女兒的態度問題，「每當我們全家一起做某件事，她就無精打采地楞在那兒，表現出她過得很不愉快的樣子。」

海瑟只有十二歲，可是她的個頭很高，長相也比實際年齡成熟。她戴著厚厚的眼鏡，門牙排列不齊，所以父母答應要帶她去矯正。海瑟很在乎自己的外表，特別是對於自己的穿著，以及其他同齡孩子對她外表的看法。

她跟父親說話含糊不清，對母親說話則是譏諷、有時候態度惡劣。這些不好的態度可以更清楚地描述成行為，例如，她媽媽說：「我們何不找個地方吃晚餐之後再回家？」或「別忘記告訴老師，你星期五要請假。」海瑟稍微轉了一下頭，像是在說不要，並發出不贊同、幾乎是厭惡的聲音，隨後說出像這樣的話：「這個主意很蠢。」不然就是「你根本不知道是怎麼回事。」她也會對妹妹說些殘忍的事情，悶悶不樂地待在屋子裡，被要求做事情的時候翻白眼；有時候沒來由地就顯得愁容滿面，躺在床上好長一段時間，有時候卻又很焦躁，厲聲對每個人說話。

首先像之前一樣，我們必須把海瑟抽象的負面態度轉述成具體行為，如此我們才能進行逆向的正面思考，一旦態度被表達成行為，我們就可以開始改變它。在界定出是什麼形成海瑟惡劣的態度，我告訴她父母，把敘述內容做個「陌生人試驗」。在你描述這些惡劣態度的行為後，陌生人能夠理解你的意思嗎？有時候我畫一個圈圈來代表惡劣態度，要求父母親告訴我，圈圈裡面要放些什麼具體行為，這種方式父母親會覺得較容易些。

在描述完這些行為後，以逆向的正面思考想想這件事情，例如：

惡劣的態度行為

＊令人不愉快（我們又要吃屎了嗎？）
＊用譏諷的語氣回答父母的話
＊垂頭喪氣和把臉轉過去
＊翻白眼
＊憎惡的語氣、嘖嘖聲和噪音
＊姿態：用力聳聳肩、揮手拒絕
＊低聲說些令人討厭、但你又聽不清楚的話

逆向的正面思考

★說些好的事情
★用好的語氣
★抬頭挺胸，面對和你說話的人
★看著我
★說話清晰、有禮貌
★用尊重的態度
★說話清晰，說些好的事情

下一個步驟就是建立點數制度以獎勵正確行為。但是現在不應該像從前用在較小的孩子那樣，把紀錄點數的表格貼在明顯的地方。儘管點數表貼在顯著的地方可以提高海瑟對點數表的注意，但是我告訴她的父母，最好還是放在只有海瑟和你們知道的地方，其理由在於，貼在顯眼地方的點數表會更受到每個人的注意，但現在卻會產生難為情的副作用，使得效果大打折扣，而且我們也注意到較大孩子對其他方式容易產生強烈的羞愧感，例如，讚美與熱情洋溢仍然很重要，也同樣具有效果，但我們必須減低羞愧的副作用。父母親做的或說的某件事情可能會讓青少年難為情，所以父母輕輕碰觸孩子就好。

此外，如同我上面所建議的，將期待的行為和獎勵直接連結起來，如果你這樣做就會得到效果。

我跟海瑟的父母解釋，剛開始最有效的可能方法（尤其如果她的態度不佳是主要問題），第一步就是選定一天當中的某時段除去不希望產生的行為，例如在下午五點到八點這段時間針對翻白眼或冷嘲熱諷的行為。一旦已經在限定期間除去不希望出現的行為，就可以延長時間。

如同上述基本原則，假如你想設法除去冷嘲熱諷的行為，必須跟海瑟說清楚你的判斷標準。可以跟她解釋，如果你說這樣是冷嘲熱諷，那就算是了。或者，如果對於是否為冷嘲熱諷的言詞有疑慮，她應該重述自己所說的話，這樣你就可以決定是冷嘲熱諷或不是。不要留下讓她辯稱她說的某件事沒有冷嘲熱諷的意思的餘地，不過塑造行為在此倒是個好主意（翻到第二章可以使你快速想起有關塑造行為的內容）。例如，假使她不斷用誇張、令人嫌惡的語氣說出冷嘲熱諷的話，可以讓孩子不以冷嘲熱諷的語氣說出冷嘲熱諷的話，這是其中一個指導步驟，也可以冷嘲熱諷的語氣說出不具有冷嘲熱諷意味的話。或者如果她常常咆哮，以平靜的語氣說出冷嘲熱諷的話也是正確的指導步驟。獎勵這些步驟——正在塑造的過程——然後朝著整個行為努力：不以冷嘲熱諷的語氣說出不具有冷嘲熱諷意味的話。

模擬練習在這種情況中幫助非常大，但是一想到要正值青春期的孩子模擬練習，這個念頭可能令你感到有些畏縮，所以我要舉個範例說明。在平靜的時刻走向海瑟，告訴她：**「我想跟妳說新點數表這件事，如果妳不希望和我一起努力，就按照妳的意思**（給她選擇權利是種預備事件，以減輕壓力、激起她的興趣），**我這裡有一張點數的清單，這些點數可以用在化妝品，或者答應妳去大型百貨公司，如果妳想要的話，我們也可以選擇較大的活動，像音樂會或寄宿朋友家。」**這是「火箭船登陸月球」中可以領到小獎，而且還能貯存起來兌換大獎的獎項，雖然她已經超越我們稱呼「火箭船登陸月球」的那個年齡了。「如果妳還想增加更多事情，可以讓我知道。它的辦法是這樣的：在這星期期間我會要求妳和我練習有禮貌的談話態度，如果妳練習就可以得到兩點，那只是練習而已。如果練習得很好還可以多得兩點，我一定會幫助妳盡量得到很多點數。」

現在示範給她看是怎麼進行的。就像這樣，我會說：「海瑟，我們練習吧。」然後我會走到妳面前——這只是假裝而已——並且跟妳說些可能讓妳感到有些生氣的事情，我會問起功課，或是妳要掛電話了沒有，類似這種事情常常讓妳感到生氣。如果妳馬上開始跟我練習，就有兩點，如果練習完畢可以多得到兩點。妳必須好好地回答、語氣平和，練習完畢後才可以得到這兩點。如果妳做鬼臉、搖搖頭好像不喜歡說話的樣子或說些譏諷、令人討厭的話，練習完畢之後就不能得到這兩點，但即使妳說些像：「不用，謝謝。」或「我們可以待會兒再談嗎？」只要用好的態度說話就可以得到點數。

現在馬上和她做模擬練習，並且利用機會暫時將角色顛倒，像這樣：「假裝妳是我，而我是妳，要求我去做我不喜歡的事。」海瑟說：「晚餐時間快到了，現在開始去做功課。」你低聲說（不是扮演海瑟的角色）：「有個可以讓妳得到點數的回答方式是這樣的。」然後浮現愉悅的語氣和笑容，為海瑟示範好的回答方式：「媽，我可以先洗澡，晚餐後再寫功課嗎？」那樣說就可以得到兩點。我用友善的語氣，不說「閉嘴」或類似這樣的話（在這裡要具體說明，詳細講出好好說話的真正意義。）現在我們再把角色變回來，輪到妳當妳自己，我會要求妳做某件事，妳得試著好好地答話，即使妳心裡沒有這樣的意思。（儘管提醒她，非常接近你希望她去做的行為。）「海瑟，可以過來幫我擺餐具嗎？」**記住，這只是假裝**。海瑟配合演出，說道：「好的，媽，我會過去。」聽起來有些躊躇及單調，但絕對沒有譏諷的意味，所以這時候應該加以讚美，而且必須具體些。「非常好，妳臉上帶著笑容，雙臂沒有交疊在一起或看起來凶巴巴的樣子，如果我們已經開始進行計畫，妳就可以因此得到點數，但是妳真的表現得太好了，就當作這個計畫開始了吧，所以給妳四點；兩點純粹是因為練習，另兩點是因為回應的態度很好。以後我們像這樣一天練習一次，而且我會讓妳知道什麼時候，免得妳措手不及。」

之後很快就可以增加紅利選擇：「練習可以得到點數，可是如果妳在現實情況中用這種方式表現出來，例如爸爸要妳端食物到桌子，妳能夠有禮貌地端上去，並且說：『爸爸，我端來了。』馬上就可以得到六點。」一旦計畫開始進行後，如果海瑟用嘲諷的口吻說話，你應該平靜告訴她，以後妳可以得到六點，也許下次吧。但這種做法一天不要超過一次，否則會變成負面作用的責備。

需要的話就常常提醒自己，這只是暫時性的，不會長期都得練習或嘉獎這行為。

而且要記住，初期所培養的逆向的正面思考的行為看起來大多很虛假，似乎是孩子為了點數而假裝禮貌乖巧，甚至裝出來的樣子沒有說服力，對於剛起步的人來說沒有關係，這裡的基本原則是要想盡辦法讓孩子表現出期待的行為，然後經由加強練習而改善。由於是新的練習計畫，剛開始進行時她可能慢吞吞，但是經過充分練習與加強，很快她就會想要這樣做。

至於嘉獎制度本身的機制，仍然可以運用我們的基本原則，應該有固定得到小獎品的機會，以及得到大獎的週期性機會，獎品當然應該適合孩子的年紀。小獎只要幾點就可以得到，可以包括玩電腦或使用手機的額外時間、租DVD、耳環、指甲彩繪，以及像選擇晚餐菜色或家庭活動的優先權。她可以努力掙得的大獎包括讓朋友來住一個晚上、去聽音樂會、參加派對和她喜歡的活動，以及意味著給她更多自由的福利。

較大的孩子往往想贏得較昂貴的獎品，許多父母因而對此產生疑問：**「可是這樣不就是在付錢讓孩子學好嗎？」**另一種問法是：**「我們這樣豈不是在賄賂她學好？」**答案是否定的。讚美（需根據年齡層調整）仍然是最重要的獎勵，而點數及用來兌換的獎品依舊次於讚美，而且要記住，我們只是暫時使用獎品，在培養期待的行為成為習慣這段相當簡短而緊張的期間，儘可能讓加強練習對孩子有吸引力。

自己在家

泰今年十三歲，平日都比爸媽還早回到家裡。他是個有吸引力的孩子，臉上總是掛著笑容、洋溢著光彩，散發出友善的氣息。他的體重超重幾公斤，可是爸媽並不把這當成問題。由於家裡沒有太多的垃圾食物，他們不擔心他單獨在家時會吃些什麼東西，但卻擔心泰獨自在家的這幾個鐘頭，因此要泰和他們確認行蹤。此外，他必須做功課和幾項常態性的家事（擺晚餐的餐具是主要工作），父母想確定他一個人在家沒問題而且能做好份內的事情，所以常打電話查勤及提醒他的任務。泰很珍惜每天這段簡短卻有意義、能自己掌控的時間，討厭「對待我像嬰兒般」的監控及「嘮叨」的提醒。我告訴泰的父母，解決辦法是討論出一種折衷方案，既可以使你們達到查勤的目的，又不至於讓他覺得你們一直把他當成嬰兒。

例如，可以規定讓他打電話來，而不是大人打電話。他必須打電話給爸或媽，說清楚他什麼時候回到家，而且必須是在家裡打的電話而不是他的手機（如果辦公室有來電顯示或打到你的手機就可以確認）。你可以說明要他打電話的目的：例如他必須告訴你有什麼功課。如果他打了電話就可以在點數表上得一點，獨自在家時完成日常工作（功課、家事）可以得到更多點數。然後在他做完工作時打電話來報告，他也可以因為打這通電話而得到點數。

在他打電話來的時候，輕描淡寫地讚美他打這通電話：**「泰，你能按照我們所約定的打電話過來，很好」**，而且在電話中一定要顯示出高度的專注與興趣；你不只是在查勤而已，如果他想要談談功課、當天的情況、他想到的任何事，也可以藉此討論。年齡較小的孩子適合熱情的讚美，可是對於前青春期的孩子（再說明一次，很難指出確切年齡，不過我指的是當孩子跨入認為自己變得很酷的界線、把朋友當成主要的行為模仿對象等等），你可以減輕讚美的熱情程度，更注意聽他所說的話。

在你上班時不可能跟孩子聊很久。也許他打電話說他在家的時候，你正好很忙，這時簡單讚美他打電話來，跟他說你現在很忙，晚點兒再回電。等你回電話時（你示範出遵守承諾的行為非常重要，所以務必要回電），另外再讚美他幾句，並問問他今天過得怎麼樣。

如同我之前說的，給點數時不要小氣。點數、讚美與整個計畫的主要目的是加強好習慣，應該尋找獎勵孩子的機會，不應找理由不給點數。

和孩子商量

你十四歲的兒子有個比他大幾歲的朋友，這位朋友已經有駕照。下個週末你兒子想要和他朋友參加大型派對，那位朋友說他要開車去，應該怎麼處理這個問題？這是常見的問題，這裡出現兩種不同的原則而且常常是對立的：孩子的自由感和公平感（歸結起來就是：**「你應當讓我這樣做的」**），以及父母對於安全的顧慮（通常是這種講法：**「萬一你受重傷或身故，自由對你來說根本毫無益處，所以我一定要確保你的安全，即使這代表著必須做出違反你的自由感和公平感的決定」**）。

你已經決定不讓兒子搭便車去，派對結束後也不讓他搭這位朋友的車回來；他是個駕駛新手，到時候天色一定很黑，而且在派對上可能喝了點酒——事情不見得會這樣發生，可是仍然有商量的機會，不能硬是搬出規定來，你的態度應該：**「我們一起來研究看看，想出多少能夠按照**

你的意思又能解決我的顧慮的辦法。」前青春期或青春期的孩子通常會提出是非題問父母：**「我可不可以和朋友開車去派對」**，而在安全第一的考量下答案也許會是：**「下輩子也不可能」**，但是此話一出口，很容易產生逃避和反抗，磨蝕家庭之間的關係，最後反而導致更多的行為問題，所以還是實際些的好。在這幾年內你兒子可能就會和朋友騎機車或開車去參加派對，不會等到下輩子，所以現在就應該為很快即將來臨的將來做打算。商量是個不錯的辦法，父母親應該找出放棄控制的方法，孩子則應該找出能夠解除父母的顧慮的方法。

把孩子的是非題轉變成協商的方式：**「我知道你想和朋友開車去，可是我擔心安全問題，所以我們來討論一些辦法吧。有個法子是由我開車載你去參加派對，或是我送你和朋友過去，朋友的父母接你們回來。」**可是兒子不只是想去參加派對而已，他希望和朋友一起去而且車子裡沒有成人，因此可以把心裡的希望分成兩種情況，如果你擔心酒醉開車及新手在晚上開車的問題，可以試著這樣說：**「我必須載你去參加派對，不過你可以和朋友在白天開車去購物中心，只要那裡沒有派對就行，可是如果在使用車子期間和喝酒、藥物扯上關係，你就喪失和這名朋友開車去任何地方的權利，或是和其他任何朋友而沒有大人在場也不行。」**不管是從他的觀點或你的觀點來看，這些方案都不理想，不過都是介於他優先考慮或你所擔心的事情之間的折衷例子。當然，如果讓其他孩子的父母一起做出理想的決定有所幫助，就可能這樣做，或許可以給你更有建設性的其他折衷方案的選擇，而不是屈服或拒絕。

我們談到許多逆向的正面思考、點數表等這類技巧，它們並非萬靈丹，但是在整個協商的過程中，你應該專注在這件事，發現孩子講道理的跡象就應該強調這點。其實在談話當中，你可以暫時跳脫協商模式，說：**「不錯，我們研究出這個方案，這樣我們就不必再爭辯了。」**即使沒有運用到日常點數表，強化這個動作還是需要持續下去。

一般而言，面對十來歲左右的孩子，可以表達對於良好行為的興趣，每當他表現出明理的態度就加以注意及支持，在安全範圍內給他自主與自由的空間。如果你想培養出一個好孩子，現在應該嘗試培養孩子明理的態度，而且記得自己應該以身作則。

在這個年紀真正的挑戰是和孩子維持良好接觸，或者關係破裂後重新建立。如果你考慮使用獎品，試著強調合群——在孩子能夠認同家庭是個共同組織或認同其他較大的群體時予以獎勵，因此給予孩子一些權利，例如選擇晚餐的菜單，或選擇週末家人郊遊的地點，這些都可以強化家庭共同體的感覺，以及強化孩子的歸屬感。**「我們要一起玩遊戲」**比起只是讓孩子把手伸進摸彩袋裡面拿他的獎品要好多了。把握讓孩子參與家庭活動的機會，而且自己也應該進入孩子的世界。

發脾氣與日常生活

跨入前青春期很快就會進入青春期，前青春期的這幾年親子衝突會加劇，你和青春期的孩子可能不時產生摩擦和爆發危機——例如當你說：**「你不能去參加派對」**，孩子卻說：**「我會去參**

加派對，而且你會下地獄。」這時可能就會產生咆哮、尖叫、怒罵，甚至引發肢體衝突。你會盡全力不讓事情演變至這種地步，可是即使很親密、很溫暖的家庭也會爆發口角，而且青春期的孩子會引發這種狀況。脾氣爆發時你無法思考，點數表或許會有幫助，不過你仍然可以運用我所教過的觀念與方法。

把這些危險時刻當成是給孩子學習成長的即時機會，是不切實際的。在爆發脾氣的短暫時間內，你只要讓傷害減至最低，確定沒有人受傷。有時候真的得讓孩子發洩一下然後冷靜下來，你也必須冷靜；是的，有時候情況會完全失控，使你很害怕有人會受傷（例如孩子堅持要搭喝過酒的朋友開的車去參加派對），這時你不得不採取激烈手段，像報警之類的。這種情況有可能發生，而且如同我說過的，你必須用權宜措施來渡過這個危機。要接受這種醜惡與凌亂的場面，盡量不要採取非必要的激烈手段，等衝突結束之後再收拾殘局，而且當風暴平息過後，要抑制自己重新點燃戰火的企圖。孩子往往在悶悶不樂之後，就表現得好像什麼事都沒發生過一樣，父母們卻難以跳脫衝突的情境，不斷想起那樣的畫面，一再挑起受傷的感覺與憤怒。即使很明顯你是對的那方，也要想辦法讓自己釋懷。

火爆場面結束後，每個人都必須冷靜下來，現在是思考引起危機的原因及如何避免再一次爆發的時候。從較好的教養觀點來看，這些危機時刻是關於下次會發生的事情（如何避免這種情況一再發生），以及關於已經發生的事情（什麼事情導致這樣）。也許在這方面必須思考的最重要事情就是，你和孩子的日常生活。脾氣爆發的時候，你做的每件錯事會縈繞著你：**「我打了孩**

子，而且沒聽他說話，是我沒把他教好要尊重父母，我沒有徹底執行家規，所以他不知道底限在哪裡」，等等諸如此類的事。相反地，當你準備攤開雙手說**「我沒辦法應付這個小孩」**，那時候你和孩子平日所累積的正面關係及時返回而解救了你。這正是獲得投資利息的時刻：包括我所謂「定量時間」（比所謂的有品質的時間更加重要）、傾聽自己的心聲及與內心對話（即使是令人不舒服的那些），以及每一堂生活課程、建設性的折衷方案、簡單的擁抱或鼓勵的話語。

所有那些穩定培養出來的基本元素使為人父母的你變得更有效率。如果最近的脾氣爆發顯示你需要加強那種基礎元素，把精力花在可以增進你和孩子的關係這上面，下次當危機再起時，所花的這些功夫就會產生作用。如果基本元素已經很扎實，要相信你有穩固的基礎可以改變孩子的行為（以及你自己的行為），和孩子一起面對這個問題。事情發生過後，應該回復到原來的狀態，發脾氣這件事並不意味著失去所有一切。

請記住，跟孩子解釋事情可能具有某些價值——保持溝通管道暢通也是很重要的——然而解釋被證明對於改變孩子的行為並非有效的方法。父母親通常認為，如果可以讓孩子從父母的觀點來看事情，所有的事情都不會有什麼問題，但這只是空想而已。幾乎可以確定的說，青少年無法從父母的觀點來看情況，反過來說也是如此：當你自己還是青少年時，不也是認為父母是在騙自己。接受事實吧，各自的觀點之間還是會產生差異的，因此即使你多少能讓孩子從你的角度看事情，可能還是無法改變太多他的行為。練習——而非解釋——是改變行為最有力的方法。

但是同樣要記得，改變行為只是部分的工作。面對前青春期或青春期孩子的問題，了解他們是最要緊的事。本章強調，在處理行為偏差的青少年，即使我們只是花功夫在改變這種或那種特定行為，在孩子的自由意識高漲時，更需要努力讓孩子回到家庭的懷抱。

6

如何適當處罰——最常被誤解、誤用及濫用的教養方法

有些來我們診的家庭熱中使用處罰，並且想知道更多新的處罰方法。有位媽媽來這裡的原因是，她七歲的兒子不管是在家裡、車子裡、商店和餐廳裡，都會亂發脾氣，沒辦法管教。在我們第一次會談當中，她說：「我們什麼時候應該開始處罰？我很想知道這方面的事情。」她兒子會要賴，在準備要去餐館吃飯、喝飲料時大發脾氣，這時她沒辦法再保持溫和的態度，也無法克制自己，她認為現在最需要的是特定的新處罰方法。三次門診之後，我提到就要開始談論及實行隔離（我們第一次討論處罰），她說道：「太好了！這就是我來這裡的目的。」

這位母親並非嗜血的暴君，但是像多數父母一樣，對於不當行為比好行為更容易產生反應，而她把處罰當成回應不當行為的最主要方式。處罰只是父母親眾多教養寶典的工具之一，當他們看見孩子的行為需要修正，便會搬出他們的教養寶典。我們鼓勵父母培養孩子好的一面，多多注意與獎勵良好行為，同時我們也盡力去修正人們較注意負面而非正面刺激的這種傾向。許多研究顯示，在比賽中勝利多於失敗的人，或在股票市場中獲利多於虧損的人，他們的注意力仍著重在失敗或損失上。當這種失敗傾向出現在教養孩子上，會驅使父母親忽視好行為而把大部分的心力放在壞行為上，並且採取行動；多數情形下，那種行動就是處罰。

改變這種失敗的思維型態是我們最重要的工作。

處罰教孩子不要去做哪些事，但是並沒有教導應該做些什麼；處罰暫時抑制不對的行為，但當下一次機會來臨時，壞行為還是會出現。如果你因為女兒和弟弟打架而處罰她，確實可以阻止他們打架，但是下次他們之間產生衝突，打架這種不好的模式仍然會是你女兒優先採取的手段，因為你並沒有做出改變那種行為的事。解釋打架是不好的同樣無法改變這種不當狀況，你應該培養另一種行為模式——用逆向的正面思考——以產生另一種固定回應方法。

所以處罰絕對不能成為改變行為的中心計畫，最好只是當成計畫中小而有效的附帶方案。如果你對於孩子的行為感到困擾，第一個念頭應該是：**我能讓他繼續這樣下去嗎？這種行為以後可能會中斷，一、兩個月內就不再是個問題了嗎？這種行為真的不會造成任何傷害嗎？**如果答案是肯定的，就隨他去吧。但如果答案是我絕對不能讓他這樣下去！讓本書前五章來引導你用逆向的正面思考及制訂計畫（讚美、點數、其他獎勵）來塑造正面行為，以取代不當行為。你應該先產生這兩種回應——**我能讓他繼續這樣下去嗎？以及我該怎麼培養逆向的正面思考？**——然後再考慮處罰。

為了改變行為，處罰是被廣泛誤解、誤用及濫用的方法，然而在限制範圍內適當運用處罰，卻是效果不錯的法子，因此這章我想討論適當使用處罰，以及為什麼常常被不當使用。

多種導致處罰迷思的動機

父母親處罰孩子不只是為了改變行為而已，往往有一種以上的動機。他們出自正義感而處罰孩子，或為了讓孩子學會尊重權威，或為了保持一貫的教養態度等等，這些動機都是站得住腳的，但是本書的重點是從努力改變行為這個角度出發。當我跟父母們解釋，研究清楚顯示一分鐘的暫停活動就足以改變行為，如果將時間延長，不但沒有成效反而招致麻煩，但他們的反應是：「那種事情不能只處罰一分鐘就算了。」那種事情是指把燈打破了、打弟弟或跑到馬路上去。他們心裡面的公平感和比例原則使他們義憤填膺，這樣的判決和罪行似乎不太搭配，父母的心聲，我完全了解。

很多父母都深信「不打不成器」的說法，但是這個觀念對於我的正面改變行為計畫具有殺傷力，稍後我會作說明。

另一種必須澄清的觀念是，使用處罰作為灌輸尊重權威的教導工具，或當成宣示是誰在作主的方法。父母通常用「尊重」與「掌控」作為嚴厲、僵硬、不妥協及權威干涉的基本原理（**因為**

是我說的聽起來熟悉嗎？），諷刺的是，這種干涉所產生的效果往往和他們想要達到的相反。父母以慎重、不衝動、不激動的回應可以贏得尊重，而不是敵對。使用肢體力量、咆哮及其他種權威的強力表達方式，或許可以迫使孩子就範，但是當孩子離開父母的立即掌控時，又現出原形。此外，孩子對待同儕也會變得嚴厲或更嚴厲，對其他權威人物像老師或教練也會更容易「失控」。你施加在孩子身上的壓力愈重，他愈想逃離你的手掌心——父母親的影響範圍，或者說你的「掌控」。

父母親還有一種傾向，那就是把受處罰的孩子發出的哭泣、哀號與令人於心不忍的叫喊「對不起」，當作是處罰產生效果的可靠徵兆，其實不然。那些現象只是顯示孩子有多麼心煩而已。如果你是以造成孩子多麼地難過或悔恨（例如，你是否曾經對著哀號孩子說過「你應該感到難過才對！」這樣的話）來衡量處罰的成功，那麼你可能會讓你們雙方都過著比原來更艱困、更不快樂的生活，而這樣卻不太可能讓孩子的行為變得更好。

處罰的作用與副作用

孩子受到處罰時會發生什麼事？

我們已經知道，處罰的效果是即時的但卻也是短暫的。你打、罵或沒收某樣東西，然後不當行為就停止了（萬歲！）但是處罰沒有辦法讓這種行為在以後較少發生。父母體驗到處罰結果，姑且不論其理性層面，壞行為暫時停止就像是種奇蹟般。在最好的情況下，處罰暫時阻止孩子的壞行為，所以他們覺得處罰的效果很不錯，但那也只是在最好的情況下；處罰有時候會產生更大的害處。父母親用具有傷害性的方法在塑造行為，他們落入了第一章提到的「處罰泥沼」。父母處罰，壞行為停止；父母處罰，壞行為停止。每處罰一次，父母對處罰的依賴就更深，很快地，為了達到和之前相同的效果，父母會愈來愈常處罰、愈來愈嚴厲。

孩子對於處罰有驚人的適應能力。即使第一次處罰就達到即時效果，父母對於處罰往往必須更加嚴厲、更加頻繁以達成目的。以前有效果的處罰不見得持續有效，父母會不自覺地自然漸漸加重處罰：剛開始那幾次只要一點點處罰就可以制止壞行為產生，但是現在用同樣的鎮壓方式，孩子卻漸漸不肯退讓。孩子這樣做並不是經過計畫或有意的，我們會做這樣的推斷是因為不只人類會像這樣適應處罰，其他哺乳動物也是如此。

藉由處罰的限制確實能發揮效果，而且在處罰產生作用時往往很快就看出來。如果處罰可以持久改變行為，你會發現不當行為出現的比例很快會降低，如果沒有馬上發現比例變化，應該放棄。我所謂「比例變化」並不只是指在你處罰的當時立刻制止不當行為，而是指減低多少次這種行為的發生，以及你必須處罰多少次。

如果你從逆向的正面思考出發，這些效果就會改變；如果運用我的計畫得當，研究顯示，溫和與適當使用處罰，配合逆向的正面思考，可以使不當行為替換的過程加快一些。

處罰會失敗的原因有很多個，其中之一是，獎勵不當行為通常比處罰更為直接也更為確實。

處罰應該在每次發生不當行為時就立即執行，但卻常常產生相反的情況。想一想吃雙份巧克力奶油派的獎勵：馬上就得到的美味感受，是一種非常滿足的感覺。結果——體重增加、膽固醇提高、自責——處罰延後了，這就是為什麼許多人想吃甜點的時很難克制自己的原因。如果嘉獎和處罰的發生次序能顛倒，要克制自己就容易多了：也就是說，如果要花幾個星期或幾個月的時間這種美味才能到達你的味蕾，但是在吃完最後一口甜點的幾秒鐘內你的體重就會瞬間增加，而且可能有輕微的心臟病。

然而處罰孩子會在不知不覺中產生和制止不當行為無關的副作用，使得父母的教養工作更加艱辛。

這些副作用剛開始是情緒化的反應。受到處罰的孩子哭泣，變得生氣、煩亂等，使得想要改變孩子的行為更加不可能成功。我們不想要父母犯下把處罰造成的情緒反應當作是正確、公平與有效的錯誤，當他們對處罰產生這種誤解，很容易為了製造那種情緒反應而處罰——例如，處罰孩子直到他們尖叫、哭泣或乞求原諒為止。由於這種處罰幾乎不可能持久地改變行為，他們的做法形同選擇會引發最糟副作用的藥物劑量，卻無視藥物劑量是否能有效治療疾病。處罰孩子最不樂於見到的事情就是孩子和父母疏遠，孩子的反應愈情緒化，就愈想逃離和躲避父母親。

逃離和躲避父母親常常是受到強烈情緒反應所激發的，是另一種主要的副作用。孩子往往會躲避和處罰者（父母、老師或任何人）之間互動，減少原本應該和他們在一起的時間，這對於你和孩子的關係並不好，尤其如果你非常依賴處罰，對於改變行為精心設計的計畫也會受到影響。

即便是父母的讚美這種我們用來改變行為的主要方法之一，其成效部分也得視親子關係而定。嚴厲與頻繁的處罰，將會使父母讚美孩子良好行為的獎勵方式大打折扣。

體罰可能會造成孩子攻擊你的機會提高，更可能攻擊同儕，形成所謂的「處罰典範」，也就是孩子容易以他所受到的處罰方式來「處罰」他們的同儕。研究顯示，常常挨打的孩子特別容易攻擊其他小孩。

最後，你自己的行為也會產生副作用：可能更常處罰孩子，而且一次比一次嚴厲。當你陷入處罰的泥沼，為人父母的你，行為更加強勢，使你不斷施行處罰，即使孩子的行為並未隨之改善，嚴厲程度和次數都可能提高，副作用因此倍增，情況也愈加惡化。

如何適當處罰

希望現在你已經重新認識處罰，了解它的影響深遠及效果不如預期，但這並不表示應該放棄把處罰當作有用的教養工具，處罰仍然可以作為改善孩子行為的附加方法，只是父母們必須適當使用及多加留意，下面就來討論處罰的用法。

1.由於處罰教導孩子什麼事不該做，而非教導什麼事該做，任何處罰都應該搭配能夠鼓勵正面逆向思考的加強計畫，否則會形成期待行為與不被期待行為相互較勁的情況，這是處罰最被詬病的一點。如果你處罰不應該的行為，卻沒有加強正面的行為，處罰就不能成為長久改變行為的好辦法；然而，如果你將處罰及加強你希望的行為合併使用，處罰就會產生效果。研究顯示，輕微處罰再加上正面加強期待的行為，來取代不當行為，效果會比嚴厲處罰更好。

討論處罰時也要將緊張氣氛考慮進去。雖然父母親並非真的想打他們的孩子，卻往往因為相信「不打不成器」的說法而動手。他們相信處罰有其重要性，壞行為沒有受到處罰就是在姑息養奸。他們覺得（基於道德或其他理由）壞行為也不容忽視，即使和處罰壞行為比起來，忽視壞行為反而可以更有效地消除它。另一方面，行為研究學之父史奇勒（B.F. Skinner）有句名言：「永遠都不要處罰。」他的意思是處罰會產生負面作用，若要改變行為，萬無一失的途徑是獎勵所期待的行為——也就是追求正面強化的計畫。

在為父母親輔導時，我發現自己正在「永遠都不要處罰」與「不打不成器」之間穿梭，我必須為我所服務的父母在這兩種極端觀念之間達成某種妥協，儘管在完美的世界中，我較傾向永遠都不要以處罰手段來改變行為，只要強調正面行為即可。三十年幾年來輔導了數千名以上的孩子與父母，以及閱讀相關的心理研究報告後，我非常清楚「不打不成器」的殺傷力絕對比循循善誘來得大大。

不過處罰對行為改變無法產生長久效果的說法，卻是需要修正的。如果有兩種相同的加強正面行為計畫，你在其中一種計畫中加入輕微且適當的處罰，那麼整個計畫的效果會比另一種計畫好一點。這差異性是些微的，或許不值得花心思去做，但確實存在。

2. 處罰應該輕微、簡短。我所謂的「輕微」是什麼意思？談到怎麼樣才合乎輕微處罰時，父母的標準往往比科學家嚴厲許多。就技術上而言，短時間的隔離、溫和的責備，甚或警告性的眼光就符合處罰，通常只要適當使用就能夠發揮效果。一般原則是，如果孩子受到處罰後感到煩亂、哭泣、顫抖或受到驚嚇，這就談不上輕微。把標準放低些；現在你教給孩子的大多是憤怒的效果，這樣的訓誨將不是你孫子所樂意從你的孩子身上學到的。

我所指的「簡短」又是什麼？用在小小孩身上的隔離，應該維持在二到五分鐘內，超過時間就不太好，起碼用在改變行為有效果的隔離上是如此。如果你要沒收點數、貼紙、記號等，假設在正常情況下孩子一天可以得到五個，那麼只要沒收一個就夠了。（也許你會問自己，**如果沒收一點，到了晚上他還不是有足夠的點數可以兌換獎品，這樣有什麼好處？**上次你接到交通罰單時發生什麼事？它會影響你的行為——下次當表示不能通行的號誌亮起時，你就不會闖紅燈了——影響你要不要讓車子闖過去的因素並非在經濟問題上。）

如果你取消孩子的權利——使用玩具、腳踏車、手機——那麼取消的時間不要超過一天。禁止孩子停用兩個星期的效果並不好，通常禁止使用物品並非特別有效的處罰方式。第一，處罰的效果取決於不當行為之後的立即結果（處罰），因此沒收腳踏車一個月比沒收一天更差。重點應該在於做出不好的行為時，馬上取消權利，而不在於取消的時間有多久。其次，如果限制的對象是孩子的朋友、同儕、社交活動及學習某些事情，如此將會在其他方面造成傷害，當然這樣對原來的「罪行」無法產生建設性的效果。

有效果的處罰幾乎都和罪行無法相匹配。對一個因為把弟弟打得鼻青臉腫而被隔離兩分鐘的五歲小孩，這樣的處罰似乎太輕了，然而如果是針對改變行為，再搭配加強逆向正面思考的行為，這樣就足夠了。

倘若你十二歲的女兒和朋友闖入學校，犯下一些蓄意破壞公物的罪行：撕掉四年級學生製作的幾張海報，你第一個反應是跟她說：「**妳這個學期都被禁足了。**」但是再思考一下，實際的處罰可以輕一些：一星期不准看電視；一星期晚上不准出門等諸如此類的事情。記住，有效果的處罰來自剝奪權利的那一刻，而不是在起始時刻之後延長更久的時間。你可以加入逆向正面思考的行為：在學校做雜務以幫助被破壞的東西恢復原狀，向當事人作書面或當面道歉。恢復原狀的過程可以長達一星期以上，可以把幫助四年級學生製作新海報以取代被她撕掉的海報當作是處罰的一部分。處罰期間讓她表現出逆向的正面思考行為，然後將它擴充，如同你讓較小的孩子幫忙清理被他弄得亂七八糟的廚房地板般，然後再讓他幫忙打掃整間屋子。你也可以讓十二歲孩子一起參與安排恢復原狀的條件。規劃出五種選擇，讓她挑選出三種必須實行的選項，以重新獲得被你扣住的任何權利，但是要注意，製造好的、確實合乎社會行為的練習機會是主要目標，而不是要公然羞辱孩子。

3. **在你生氣時不要處罰孩子**。如此比較不可能加重處罰，也比較不可能產生減低處罰效果的副作用。要記得，處罰不是報仇，為孩子立下理性與冷靜的行為好榜樣，身教傳授的道理遠比處罰的效果好多了。如果你表現出不理性、瘋狂模式的行徑，孩子也會密切注意那種榜樣。你面對困境的因應之道，也是在教孩子如何面對困境。

父母親有時候會對我說：「可是現實世界中人們都有抓狂的時候，孩子也需要面對這樣的情況。」從改變行為的立場而言，學習處理人們的憤怒和這件事是不相關的，不過若從兒童人類教育的立場來看，我接受它的關聯性。然而，把處罰孩子的這一刻視為孩子學習人生道理的特別時刻是錯誤的，特別是在生氣的情況下。在你被強烈情緒攪亂而冷漠時，應該晚點再對孩子作出回應。當你冷漠時，判斷力和技巧都會大打折扣；例如，你會發現更難把事情具體說明。你往往會說類似這樣的話：**我說的話你一個字都沒聽進去！或為什麼你這麼壞？或為什麼你就不能像姊姊一樣？**這種一網打盡的全面性說詞並沒有好處，如果你必須教誨孩子，說話一定要明確：孩子做錯了什麼事？為什麼這樣做不對？用抽象的言詞和孩子理論——**如果每個人都像你那樣做怎麼辦？**——同樣沒有好處。

此外，父母親生氣的情況和孩子會碰到的其他憤怒並不相同。首先，你會因為震驚甚至遭到背叛的感覺而生氣，這和其他人生氣的原因不同。在外面沒有其他人撫養這個孩子、餵他吃飯、生病的時候照顧他，或者那般愛他，並像你那樣滿足孩子每個超依賴的需求。其次，孩子碰到多數生氣的人會受到社會約束的檢驗，他們知道你的孩子可以尋求路人的協助、報警或控告他們，父母親則擁有更多發球權的空間。和碰到的其他生氣的人相較之下，孩子面對你的時候顯得軟弱無力多了，因此他無法從你生氣的情況學習到很多生活技能。第三點，檢查你自身的經驗：你並不認識一些因為父母發脾氣或處罰他們，便學習到善加處理自己脾氣的人，也不認識任何因為不曾受過這種「真實訓練」而在生活中退縮不前的人。其實，父母親的小缺點和不完美會教給孩子一些事情，但是不要試著去證明你自己的憤怒可以作為孩子的實境訓練。

我明白「不要生氣」這句話說得容易，但有時候真的很難實踐，當孩子製造出讓你慌亂的事──年紀小的孩子不見蹤影、較大的孩子辱罵你或令你難堪、任何年紀的孩子說出這樣的話：「你不關心我，你就是這麼自私。」你很難不抓狂。如果你真的動怒了，誰會怪罪你？畢竟我們都是凡人。如果泰瑞莎修女是甘地的媽媽，甘地有這樣的行為，恐怕泰瑞莎也會不客氣地一掌打下去。隨著孩子年紀愈來愈大，他令你慌亂的本事也愈高，成為專門惹火你的專家，使你當下無法思考。有些父母的回應是咆哮（**你怎麼可以這樣跟我說話，畢竟我是為了你好**），有些會打小孩、推開、粗暴對待，或者非毆打的激烈處罰（**你被禁足六個月**）。孩子挑釁的行為使你失去耐性，怒火也因此一觸即發，導致父母採取各種極端的行為。

在這種火爆情緒下要踩煞車是很困難的，但是請務必退一步，了解這種脫序行為和父母反應有關；亦即父母的反應會催化這種行為。如果你能盡量冷靜下來，對這種想要激怒你的孩子抱著輕鬆的態度，能夠制服這種行為所需要的反應就會漸漸浮現。在我的門診中，我們有時候會訓練父母親面對脫序行為時，用有點像蒙娜麗莎式的微笑方法來制止，效果比只是走開要好多了。不要動怒，或者培養在你真的要抓狂時離開現場的習慣，這才是可以消滅惱人行為的捷徑。

4. **絕對不要把你想要加強的活動拿來當作處罰的工具**。例如，千萬不要指定閱讀或寫字作為處罰方式，因為孩子學到的將是：閱讀和寫字是種處罰。事實上應該採取逆向的思考方式：把去書店一趟當成是獎勵孩子表現良好的方式。

此外，不要因為處罰而阻礙孩子與其他成人或同儕的正面社交接觸。禁止孩子去朋友家或許是種合理的處罰，可是如果這個朋友的家人能夠示範你希望孩子仿效的合理行為與價值，讓孩子去朋友家或許有好處。

5. **讚美正面行為以及處罰不良行為的比例應該分配好，例如五比一**。不過我必須承認，沒有研究提出像五比一這種精確數據的證明。如果你想除去亂發脾氣的行為，在孩子不發脾氣的時候（或亂發脾氣的嚴重程度減輕）找出法子讚美他，而且次數應該是處罰亂發脾氣的五倍以上。當父母親回來跟我說：**我成天都在處罰不好的行為，但沒有讚美正面行為，因為孩子根本就做不到**。我鼓勵他們假裝讚美。製造練習機會讓期待的行為發生，如此就能加以讚美了。由於加強練習是改變行為的關鍵，製造更多表現這種行為的機會可以產生很大的改變。

6. **如果同樣的行為一天被處罰幾次，而且不只一天有這種情形，應該停止這種計畫，並加以改變**。這種處罰不會產生效果，卻會帶來不想要的副作用，使得家庭生活更糟糕。

我一位同事有個任性的四歲女兒，照顧她的保母慌張地說：「今天下午我罰她十次的暫時隔離，她還是不聽話。」在那種情況，一個下午隔離十次就是個問題。即使這個孩子原來起碼有些時候想聽話，但是緊鑼密鼓的處罰壓力也許使她打消念頭。一個下午十次的隔離後，留給小孩和保母的只會剩下意志力的競賽而已。

另一個例子是搭機飛到新哈芬（New Haven）接受我們診治療的一個家庭。他們在兩天內因為六歲兒子有攻擊行為而罰他六次隔離，他們感到非常沮喪，因為那種行為不但沒有減少，反而增加了。我告訴他們，隔離次數太多了。讓我們重新考慮幾種方案，其中一種是增加假扮時間，對於平常會引起他們的兒子產生攻擊行為的狀況，在這段期間如果沒有攻擊反應，兒子就可以得到貼紙或點數；那是強調逆向正面思考與獎勵它的方法，而不只是處罰不當行為。

我建議父母一天作三次模擬練習，可是如果他們的孩子想多模擬幾次，應該依孩子的意思。每次模擬可以得到一點，但如果是在實際時間（非模擬時候）對於會令他產生攻擊的狀況能夠冷靜回應，就可以得到兩點。父母親讚許孩子處理一些可能讓他們煩亂的事情是很重要的。還有其他相關的情況，這位父親常常打孩子，所以這個計畫還得包括塑造父親的行為，以較不嚴厲的處罰來取代打孩子——首先選擇一天，在這天他不能打孩子，之後等他證明能夠做到，再延長一星期裡面不打孩子的天數，全部以讚美來重新加強。

我們對兒子使用類似的方法，訂出控制攻擊行為的小段時間，然後從這裡漸漸培養起。我讓父母剛開始在早上設定半小時，如果他們的兒子在這段時間沒有表現攻擊行為，就可以得到一點及熱情的讚美。我們稱這段時間為「大男生時間」，如果他在大男生時間打人就得不到點數與讚美。其他時候為「小男生時間」，但是不需要批評他，或指出小男生時間比較不像大男生時間那麼有吸引力；多數六歲男孩都喜歡被當作大男生。（大男生／小男生時間不只是聰明的心理策略，這是種現場建構事件，可依父母親的喜好有效幫助達成其目標。把這種方法放進你的教養寶典中，遲早派得上用場。）等我們能夠掌控一小段時間後，可以漸漸延長大男生時間，直到時間愈來愈長，然後擴及到整天。我告訴父母，當他一天都表現很好，務必在晚餐時間用充滿熱情的言詞彼此討論這件事：**好棒的大男生，做得實在太好了！**當然還少不了對於期待的行為加以讚美和獎勵。

上面這些方法都是強調加強期待的行為，以及減少運用處罰。

普遍的處罰方法：隔離

隔離更完整、精確的名稱是「隔離強化」，孩子在這段短暫的時間內不應接觸到強化物——獎品、喊叫、訓斥、任何形式的注意——那些會使得不當行為更不容易戒除。隔離的效果取決於隔離時間結束時發生的事情——必須配合獎勵正面行為的加強計畫。使用「隔離強化」這個名詞的用意在於，避免讓你過度注重處罰，把它當成正面加強計畫的的要素，以及幫助你摒除把隔離當成給孩子仔細思考他罪行的機會。

讓我舉例說明隔離的效果怎麼會取決於隔離時間結束時所發生的事。從事隔離研究的人員製造「隔離絲帶」，使其有別於教室環境。教室裡每個孩子都把紅色絲帶掛在脖子上，在正常狀態下，當孩子表現良好，孩子就可以把脖子上的絲帶露出來讓老師看見，表示老師可以叫這個孩子的名字，並且傳達強化物——關注與讚美。如果某個孩子做出不當行為，干擾了上課秩序，他的絲帶就會被沒收幾分鐘。絲帶不在身上時，老師不會看這名孩子也不會注意他。隔離時間結束後，絲帶又可以戴回身上，孩子現在準備再度接受老師的正面加強。隔離時間結束後豐富有趣的環境、正常上課時老師熱情地關注有絲帶的學生，會使得隔離具有意義和效果。

因此，接下來我們要討論**如何進行有效的隔離**。

▼隔離時間應該簡短，絕對不要超過十分鐘。通常只需要一、兩分鐘就能發揮功效，特別是針對幼兒來說。在應該罰隔離的行為出現時必須當場馬上進行。父母親常常會說：**等我們離開商店回到家時……**或**等我們離開遊樂場回到家時……**等等，這種拖延的隔離是無效的。隔離必須和不當行為直接產生關聯。

▼被處罰隔離的小孩應該和其他人分開，待在一個單獨的房間或自己坐在一張椅子上，如果你覺得盯著孩子比較妥當，例如基於安全理由，就不必完全隔離。

▼在施行隔離時你必須保持冷靜，不能在生氣的時候下這種處罰令，也不能當成報復的行動。孩子乖乖接受隔離處罰時要記得加以讚美：讚美他能在你提出要求時就採取行動，讚美他安靜坐著，讚美他安分地等隔離時間結束。

▼不要用隔離來威脅孩子：**如果你繼續做那件事，就罰你隔離，這是你的最後一次機會**等諸如此類的話。**警告一次就夠了**。（記住，如果不是在事情發生後固定給予警告就沒有效果。）告訴孩子是什麼事情導致隔離，然後每次這種行為產生時都要宣布隔離。

▼如果你必須動手、拖或押著孩子才能進行隔離，這種做法不對而且也不會有效果，這點非常重要。處罰期間，孩子的抗拒心理會比平常多一些，或因為處罰而發脾氣，因此在施行隔離時會造成一點肢體上的抗拒。父母親採取的強力肢體控制會引起更劇烈的抗拒，事情也就愈演愈

烈。很快父母就得連拖帶拉，孩子也會抵抗，或者打父母；也許父母也會動手打小孩。這種情況絕不是隔離強化應該發生的，反而比較像在酒吧打架，你所加強的盡是錯誤的行為。

▼如果你宣布隔離，孩子卻抱著雙臂說：**我才不要去**。而你又不能拖著他，那該怎麼辦呢？首先，多罰他一分鐘時間。這種做法可以用兩次：把隔離時間從兩分鐘增加為三分鐘，然後到四分鐘。之後如果還是沒有效果，就取消權利，例如，某些重要但簡短的事情，像今天不准看電視，說完就轉身走開。如果他後來才說：好好好，我這就去。你也不能讓步，因為這樣你將增強到不想要的結果。也不要畫蛇添足，讓結果來發揮作用。抑制住一些反作用力很強的話，像：**下次最好叫你做什麼你就做什麼**，或**你從來就沒有聽過話，現在付出代價了吧**，或我快被你氣瘋了。這些話對孩子沒有幫助，卻會增加處罰的負面作用。

最後，我要再次強調：研究顯示隔離的效果取決於隔離時間結束時發生的事情——培養在隔離發生後的第一個正面行為。

來思考一下這樣的畫面。孩子做出那種需要戒除或不宜常做的行為，你冷靜地走向他，具體說明他做了什麼以及會發生什麼事：**你打了弟弟，所以得接受隔離。現在去你的房間五分鐘時間**。

孩子會進去房間嗎？這是緊張的時刻。孩子做錯事情，現在他的麻煩來了。如果你心裡很煩，他心裡也很煩，你們兩人對於要不要隔離的立場都很堅定，情勢很快就會提升為意志力的戰場。

所以，開始保持冷靜——不只因為在處罰的時候保持冷靜是個好辦法（減少嚴厲處罰或處罰愈演愈烈的可能性），也因為冷靜可以降低陷入僵局的可能。如果孩子沒有馬上去房間，就增加一分鐘隔離時間，如果還是不去，再增加一分鐘時間。

如果孩子執意不去，決定不要進行隔離並採取其他處置，應該冷靜、簡單扼要地通知他，而且取消當天或者當天外加第二天的特權：**你沒有接受隔離，所以今天不准看電視**。然後快步離去，不要討論，也不要講出類似這樣的話：**你自己把機會搞砸了，現在你一定難過得不得了，只要你乖乖聽我的話就不會有這種下場了**等諸如此類。此外，你應該事先考慮好要取消什麼合理的特權，不要做出弊多於利的事。所以不要在孩子興頭上時取消有建設性的聯誼遊戲。**這星期都不准你和鄰居一起玩**，這樣可能會弊多於利，除非鄰居的行為比你家的孩子更糟糕。

如果孩子馬上或再增加一分鐘時間後接受隔離，應該加以讚美。也許你會對我嗆聲：「有沒有搞錯？讚美一個被罰隔離的小孩？」一點兒都沒錯。每當孩子不聽使喚時，我們就想要培養服從的精神，特別是在棘手的情況。在我們告訴孩子要隔離時，我們希望他接受，所以我們讚美他那種行為：**很好，我要你隔離時，你馬上就去做**。這種讚美不需要用熱情的口吻，但仍然要明確說出孩子做了什麼，除了口頭讚美，可以再輕輕拍他或其他身體接觸——如果適宜的話，而且如果孩子不那麼生氣，可能想找機會跟你撒嬌的話。

如果希望小孩子進行隔離的過程較順利，可以做模擬練習。跟孩子解釋隔離要怎麼進行：**好，現在只是練習而已，我教你怎麼做。假裝你做錯事了，例如打弟弟**。現在靠向孩子身邊，像是有什麼陰謀地低聲說，**我現在要將你隔離，你開始朝你的房間走進去**。然後把身體移回來，以正常的語氣說：**好，你打了弟弟，得罰五分鐘隔離，請你進去房間**。現在壓低聲音，**開始囉，走進去吧**。用一般的口吻：**很好，我要你隔離時，你馬上就進房間**。如果必要的話，可以用肢體引導孩子，表示用手圈住孩子，一起走進房間，但是不要推他。如果他接受隔離坐了下來，讚美他。如果他待在那裡，接受你的指示，多給一些讚美。如果他不需要你的指示就能夠待在哪裡，給予更多讚美。模擬練習時，讚美應該盡量充滿熱情，但實際隔離時就不需要那般熱情，例如在打了弟弟之後跟他說要進房間隔離，讚美的口氣應該平實許多。模擬練習結束時，大聲宣布：**好了，隔離時間結束囉**，並且讚美孩子表現得很棒。如果你在進行點數制度，給一點作為練習成功的獎勵。

以上都是最基本的，但可以作適時的調整。

這裡要提出一個適當實行隔離卻失敗的例子。來看我門診的一位母親，她充分掌握隔離的原則，並用在八歲的兒子安德魯（Andre）身上。每當他對討厭的事情大吼大叫，或對妹妹、媽媽或爸爸咒罵，這位媽媽就會祭出隔離，要安德魯進房間五分鐘。

這位母親冷靜地說：「安德魯，你得接受隔離，因為……」她會具體說出孩子做錯的事情。如果安德魯朝著房間走去，這位媽媽會說：「很好，我要你隔離時能夠馬上去房間。」到目前為止一切都很好。

可是我們檢討了這項計畫，發現在三天期間，第一天她用了六次隔離，第二天用了四次，第三天用了七次。次數實在太多了，顯示某些地方需要做調整。

這個案例很有趣，因為這位母親正確地施行處罰，小孩也乖乖接受了。可是這個計畫在發展逆向的正面思考方面較弱：她冷靜地實行隔離，問題出在隔離後，因此我們對這個計畫增加模擬練習。媽媽告訴孩子，對妹妹說些好的事情，例如**我們一起玩耍**，或**我喜歡和你一起玩**。我們開始實行點數表，每天他可以得兩點（每次模擬練習得一點），在心情不好的非模擬情況下如果他不罵人，可以得四點紅利。我們對於隔離過程本身並沒有作改變，但是建立了計畫的正面強化方面。在修正計畫的第三天他得了六點，全都是模擬練習得來的；第四天他和妹妹吵架但沒罵人，所以得到八點（原來應該給四點才對，可是爸媽太高興了所以打破規則，給他加倍的紅利。）這個計畫仍繼續進行，大致上沒什麼問題，現在平均每天隔離的次數少於一次。

＊　＊　＊

看過本章之後，希望你對於處罰能夠非常慎重與節制。可是如果你有孩子，遲早都會處罰他們，你應該了解正確使用處罰。當孩子進入新的發展階段，或產生新的不當行為，偶爾重新翻閱本章〈如何適當處罰〉這節內容，對你將有所幫助。請記住，**親子之間良好**、**溫暖**、**開放**、**相互尊重的關係可以使一切事情改觀。**不要把處罰當成是憤怒的先知想消滅罪惡，應該以慈愛的父母致力於培養良好行為為出發點。

7 特殊狀況——如何帶出好行為，同時改善一個以上的孩子的不當行為

如果孩子很少做出合乎期待的行為，我可以用獎勵方式來加強嗎？如果我想除掉的不當行為不常發生，會使逆向正面思考的行為很難加強嗎？如果我的孩子不只一個，可是只有一個需要這項計畫，該怎麼辦？如果我想改善的不是只有一個孩子的行為，而是一群孩子，該怎麼辦？

多數情況下，我詳細說明過的那些基本方法就足以用來訂立改善孩子的行為的計畫，但特殊情況可能就得根據個人狀況來調整。上面是些我常聽到的問題，它們代表某些最普遍的特殊情況。本章提供一些特殊工具，你可以針對自己的情況拿來作為基本方法。

幫助啟動好行為

如果孩子很少做出合乎期待的行為，我可以用獎勵方式來加強嗎？答案是「幫助啟動」行為：讓孩子開始作某種行為或達成初期步驟的策略。

改變行為最困難的部分在於讓新行為產生，如此你才有機會看到這種行為並加以獎勵（或進行後面的措施）。特別是為了達成期待的行為，必須做到某些行為順序。以成人為例，譬如你的配偶說他想多運動，已經繳了一大筆錢成為健身中心的會員，但是從來就沒真正去那兒運動。這種情況「運動」可以分成幾個步驟：準備衣服和配備、上健身房、換上運動衣、開始運動，然後作足夠的運動。你可以用我們的ABC法則在他身上，A（前事）包括鼓勵（**老公，今天請記得去健身房……**），B（行為）可能包括塑造（**……即使只有運動幾分鐘時間……**），C（結果）可能包括獎勵（這部分留給成人想像空間）或不履行的輕微處罰（**……否則晚上我要跟我媽出去吃晚餐**）。但也可能沒有效果。因為一開始，他根本就不會按照你的計畫步驟進行。或許，你可以幫助啟動這種行為：**老公，今天我想去健身房，我好希望你能跟我去，只要跟我作伴，去那邊看看就行了，什麼都不必做**。如果你能讓他到那裡，穿上運動服，實際把他放到稱為「在健身房運動」的中間步驟，他比較可能完成這種順序，漸漸達成你想要加強的行為。首先幫助啟動行為，然後塑造行為。

孩子的許多行為也可以分成幾個步驟，例如，假使你想要孩子在三十分鐘完成功課，剛開始的步驟是坐在書桌前並且打開書本；要練習三十分鐘鋼琴，坐下來和準備彈奏可能是第一個步驟。如果你希望孩子去外面和朋友一起玩，去外面及打電話聯繫可能是第一個步驟。如果你要孩子跟你一起進行計畫，第一個步驟可能只是提出計畫並且花一分鐘時間研究。

第一個步驟完成後，可以讓孩子停下來，甚至可以在第一個步驟完成後說，**如果你現在想停下來，沒關係**；或**你想要繼續嗎？**另外，也可以只是保持沉默，然後繼續這項活動。研究顯示，不管有沒有提出要求，孩子繼續進行這項活動的可能性極高。即使有時候孩子選擇不要繼續這項活動，幫助啟動仍然非常有效，在你停止幫助啟動後，它的效果仍在且持續下去。

幫助啟動是種進擊策略，不包含獎勵；當孩子突然不肯繼續做原本已經在進行的某件事情，非常適合用幫助啟動。如果你不希望用特別的獎品來塑造或獎勵孩子已經表現出來的行為，幫助啟動會是個不錯的選擇方法。在我的門診，當孩子突然拒絕進入原本安排好要接受治療師的個別輔導，我們常常會運用到幫助啟動。例如，有個媽媽已經帶她女兒接受過幾次輔導，有次打電話到門診說：「我們今天沒辦法過來了，因為愛麗希絲（Alexis）不想去，我叫不動她。」

幫助啟動可以打破這種束縛。思考一下進來治療的行為順序：進入車裡、開車到醫院、走進門診、坐下來等醫生、看醫生等。當然，這些是不能分離的單元，一個緊接著一個，可是我們可以用那種方法思考整個順序。幫助啟動背後的研究清楚顯示，較先進行的順序可以帶動個別順序，使剩下的其他順序更可能展開，而不需要你進一步干預。如果在最後期待的行為（也就是步驟十）產生之前有九個步驟，讓這個人只做一個步驟，這樣可以使得完成所有步驟的可能性增加。（在此我暫不討論為什麼會這樣，但是大體上，每個按順序完成的步驟不只是一種行為，也是下個步驟的前事以及已經採取的步驟的正面強化物。）或者別管步驟一，把個人直接放到步驟三，這個步驟對於讓孩子進入步驟十的作用更好。如果我們把孩子放進能夠引導他「接受治療輔導」（也就是這個方法的步驟十）的順序中，能大為提高真的發生治療輔導的可能性。

在電話中我跟愛麗希絲的媽媽說，告訴愛麗希絲，她不必進行輔導，只需要跟妳來這裡就行了。在我們跟妳會面時，她可以待在候診室，我們答應她不進行輔導。沒有說謊是很重要的，「答應」是特別的預備事件，可用在生活各地方，因為它可以引起特別反應，包括不會違反到這個承諾的期待。你答應不需要進行輔導，孩子就會認真考慮過來，但是並非輔導就完全不會發生。

在這個案例中，愛麗希絲的媽媽是過於緊繃而且又是誠實的人，她表示自己很灰心也很生氣，沒辦法冷靜地把這樣的訊息傳達給孩子，所以我要她把電話交給她女兒，由我親自說明。

當孩子聽到不會被強迫作治療輔導，幾乎絕對都會答應和父母進入車子裡。我告訴愛麗希絲，**我們今天想見見妳媽媽，但是我答應妳不必進行輔導，妳可以坐在候診室看書或玩遊戲**。每位父母看到這個例子都會想到，你剛剛處理這個問題時不是告訴她不必接受輔導嗎？或如果在這個地方屈服，將會造成日後直接由孩子主宰你的生活的傾向；或你所傳達的是錯誤的訊息；或父母必須表現出當家的人永遠都是他。

你或許接收過傳統的教養知識是，贏得每場戰役是重要的，如此才能贏得戰爭；但事實並非如此。你不一定要贏得每場戰爭。你可以奉陪，但是不要處處和他的意願做對，最後他還是會出現你期待的行為。為了贏得戰爭而失去整個戰場，值得令你深思。

另一個爭議可能是：**萬一孩子並不熟悉這種順序呢？**你可以把他丟進步驟三，但他並不知道那就是步驟三，或怎麼進行到步驟四，更不用說步驟十了。這個顧慮不如你預期的那麼嚴重。如果熟悉順序，運用幫助啟動的方法效果很好，如果不熟悉，還是行得通。即使在不熟悉的順序中，由情況本身提供的線索，例如在做這種行為的其他人，具有預備事件的功用，增加行為其他順序發生的可能性。就拿愛麗希絲一直在抗拒的輔導來說，在這個案例中她甚至不知道輔導包含些什麼，但即使以前從沒看過門診的孩子，也可以從那兒找出蛛絲馬跡。孩子們都露出笑容，人們離開候診室進入裡頭有和藹的醫師的房間，愛麗希絲無聊地坐在候診室時，可能會看見其他人正在做一種似乎很有趣的活動：接受治療輔導，也就是我們的步驟十；更重要的是，她將會想參與這個可能很有趣的活動的最初幾個步驟。

就這樣，愛麗希絲和媽媽走進候診室。她們到櫃檯窗口，媽媽說：**我們要看蘇珊**，也就是治療師。愛麗希絲坐在椅子上玩起散落在地板上的玩具；這是之前在那裡等候的孩子留下來的。治療師蘇珊從側門走出來，跟她們打了招呼後說：**愛麗希絲，我跟妳媽談事情的時候，妳可以坐那兒嗎？**媽媽和蘇珊走進那道門裡。「幫助啟動」正按部就班地進行著：愛麗希絲在門診部，使得接受治療輔導的可能性大為提升。如果她在家裡看電視，那麼機會就等於是零。

過了一會兒，蘇珊又走到候診室，說：**愛麗希絲，妳今天不需要接受輔導，就像我們之前說好的那樣，不過**——這時候她的語調稍微提高了些，以疑問的口吻——**妳想要進來談一下子嗎**？或**妳何不跟我進來一會兒？**諸如此類的話。蘇珊的態度和語氣都很溫和，沒有要說教的意思，說話內容和說話方式甚至也沒有權威的暗示或出現「你最好……」這樣的字眼，她提供選擇的機會，而選擇本身正符合了預備事件。

這是我們在門診中遇到的經驗，經過這次預備事件（也就是為她安排的事），愛麗希絲已經放鬆心情，很可能會聳聳肩說**好啊，沒問題**，然後跟著治療師進入治療室，在那裡應該進行正規的輔導，或由治療師判斷，時間稍微縮短些。不管是蘇珊或愛麗希絲的媽媽都不要重新提出她們的問題，**瞧，沒那麼糟糕吧，為什麼妳不過來治療？不過就是這樣而已**。這些話會提示對立行為的順序，而這正是我們努力用較好、不同的行為順序想要取代的。

但萬一愛麗希絲是少數會說，**「不要，我不想要被輔導」**的人之一呢？如果愛麗希絲說不要，治療師會和顏悅色地說沒關係，然後回去跟媽媽說話。兩、三分鐘後蘇珊再回來，這也是最後一次。她會打開門到候診室，低下身來微笑著說，**「妳想進來嗎？」**如果孩子答應，她們就可以開始進行治療；如果孩子不答應，蘇珊說，**「好，下次見」**，便面帶微笑離去。（關於這種方法的成功率我還沒做過嚴密的研究，不過我預期數字應該會像這樣：第一次被邀請進去，有七成五會答應；第二次被邀請，有一成會進去；不成功的機率是一成五。）我們教導父母在孩子第二次不答應時該怎麼進行：再次重返戰場（裂縫更深）與戰爭，好好打這場戰爭比起贏得勝利重要多了，這星期就依照她的意思——履行我們答應她不強迫接受輔導的承諾——與其違反她的意願，在又踢又叫的情形下把她拖進去接受治療，這是比較好的「投資」方式。

下星期會發生什麼事呢？永遠都是父母心中的下個問號。以我們的經驗，答案會是**沒什麼特別**。治療幾乎總是要重新開始，我認為沒辦法速成，我們得採取兩次幫助啟動的方法。

這裡有個比較不花力氣的例子。院子裡到處都是樹枝、葉子等這類東西，你希望星期天孩子能幫點小忙，這是一次搞定的交易，不是養成特定行為的計畫。你不想花很多力氣在這件事情，不過你認為讓孩子來幫忙有好處，而且還可以增進親子關係。

在週末前某個時候或星期日前你跟孩子說，**「這個星期天我希望你能幫忙打掃院子」**。如果孩子說好，就不需要再多說些什麼，可是如果孩子說不要，或者嘀嘀咕咕、想逃避這件事，就改成帶動策略。你說，**「這件事情我希望你可以做，只要幫忙兩分鐘就行了，時間到了以後，如果你不願意就不要繼續做。不過，剛開始有你一起做，可以幫我很大的忙」**。通常孩子都會同意（他會想，兩分鐘站一下就過去了，何必為了這點事大吵一架？）如果他仍舊不同意幫忙，星期天早上再問一次，如同治療師問愛麗希絲第二次那般。

一旦他同意幫忙兩分鐘，就是朝著被期待的行為（幫你打掃院子）順序在進行了。當你和孩子開始工作，可以提醒他，**只需要幫忙兩分鐘就行了**，這樣對孩子講出接下來的整件事情，是促成其他的行為順序非常好的預備事件。兩分鐘時間到了，你可以說：**「好，如果你現在想停下來，可以不必打掃了，你真的幫了我一個大忙哩。如果你要繼續做，那實在太好了，但你也可以**

不必。」你真誠地給他不必繼續打掃的選擇權，所以履行了你的承諾。在這些預備事件以及孩子進入能夠導致幫助打掃院子的行為順序間，他繼續幫忙打掃的機會很大。如果他這次不選擇繼續幫忙，記得你是怎麼提出要求的，並且信守承諾，不要報復，不要嘮叨，也不要用批評的字眼使你的讚美大打折扣，這只會使得下次你提出要求時更可能歷史重演。得到最後勝利才是重點，所以暫時還是隨他的意思吧。

幫助啟動增加了被期待行為產生的可能性，尤其是那種可以被描述成較小行為順序（多數行為都可以）的行為。雖然幫助啟動不見得一定有好結果，可是如果你踢到鐵板或孩子的行為有點退步時改用幫助啟動，至少讓行為保持活躍，使你有機會得以塑造並加強。

分享成果

如果我的孩子不只一個，可是只有一個需要這項計畫，該怎麼辦？分享成果提供了解套方法，並且幫助成功改變行為。譬如你有個六歲兒子需要點數表來減輕他的攻擊性，但他的七歲姊姊並不需要這樣的計畫。分享結果表示，如果他做出被期待的行為一定會得到獎勵，他姊姊也一樣。她並不需要做出特別的行為就可以獲得獎賞——因為弟弟的行為結果而得到獎勵。

我們只用到加強的方法，沒有施行處罰；有件非常重要的事情是，不要沒收他們已經擁有的事物，但是要增加一些吸引人的事情：晚十五分鐘上床睡覺、可口的點心等，這些他們兩人都喜歡的事。絕對不能讓沒有參與計畫的「無辜者」受到牽連而失去某項東西，那會導致姊弟之間的關係惡劣，但額外的獎勵措施就不會有這樣的結果。

分享成果還有一個好處，那就是對於其中一個兄弟姊妹需要計畫，而另一個不需要的情況下產生的「我也要！」的問題提供了解決對策。進行點數計畫的兄弟姊妹得到很多的讚美和獎品，別的孩子卻沒有，這對於沒有參與計畫的人似乎不太公平，通常年紀接近（彼此的年紀差不到五歲）及年紀小（十歲以下）最常發生這種問題，而且兄弟姊妹往往對於使用在計畫的獎品更為珍視。十二歲的哥哥看到四歲的妹妹把手伸進摸彩袋得到假珠寶、髮夾等，不太可能覺得心裡不舒服，你只需要跟他解釋妹妹的計畫即可，甚至鼓吹他幫忙處理點數，那樣可能使他感到滿足；然而如果是他十一歲的弟弟贏得玩電動遊戲的機會，而且是他們兩人都喜歡的遊戲，可能就會造成問題。

對於這種只有一個孩子得到很多獎勵所造成的不公平（而且是因為這個孩子行為不當才需要進行這種計畫的，那似乎也不公平），有個修正方法是，由一個孩子掙得的好結果讓大家共同分享，你甚至可以安排多重的兄弟姊妹計畫，當其中任何一個人的點數達到某個程度，所有的孩子都可以得到獎勵。受「我也要！」的影響，父母親通常會為其他手足建立點數計畫，即使沒那麼必要。你也可以建立以成果分享為基礎的計畫，使每個孩子都能從中得到某件東西。

例如，我知道某個家庭有個脾氣暴躁、叛逆的五歲女兒以及較溫順的三歲女兒。父母開始為女兒建立點數計畫，他們第一次要求女兒做某件事情時提醒了很多，包含很多舉動：點數、讚美、小獎品、大獎品等。妹妹自然也想要自己的點數表，所以父母也為她製作一張；如果她能自己上廁所、晚上睡覺沒尿床等等，就可以得到點數。他們制定一項規則，只要其中一個孩子的點數表全部填滿，兩個孩子都可以得到冰淇淋甜筒當甜點，除此之外，每個孩子可以用點數兌換獎品。換言之，每個孩子除了和其他孩子分享成果，還可以賺取自己的獎品。

但是使用分享成果並非解決「我也要！」這個問題的主要原因，分享成果可以增進計畫的效率，這才是主要理由。兄弟姊妹或同儕協助鼓勵孩子表現出那些行為，常常會具體說出：做這個、做那個，我來幫你。然後兄弟姊妹或同儕會以讚美來獎勵那項行為，在贏得分享成果時，甚至表現出興奮的樣子。研究顯示，孩子為兄弟姊妹或同儕以及為他自己爭取強化物時，通常會更重視強化物的價值。

蓋瑞（Gary）的案例真正讓我對分享成果的力量大開眼界。在我剛投入這個領域時就遇見了蓋瑞，那時候我所服務的是一個特教班，裡面有二十三名年齡六、七歲的男孩和女孩，由於他們有破壞上課秩序的行為問題。班級導師非常好，她不去注意及強調脫離常軌的行為，這些在學校都是司空見慣的。她巧妙地對良好行為付出關注與讚美，多數時候她都能把班級管理得很好，但是也有例外的時候。

蓋瑞似乎絲毫不受老師的努力所影響。他有一頭蓬鬆的頭髮，模樣很可愛，正常情況下的外表，往往使老師（和研究人員）卸下警戒，直到和他相處一段時間，較了解他之後才改觀。他常常把教室搞得雞飛狗跳，不是拿走隔壁同學的東西、在他們的本子上寫字（不管指定作業上寫什麼，他都會在上面打X），把成疊的紙和其他東西（塑膠削鉛筆機、紙飛機、迴紋針）朝著教室裡的人亂扔。

為了改善蓋瑞的行為，我們嘗試分享成果的辦法。老師告訴孩子，蓋瑞可以為全班爭取到額外的休息時間或一個特別故事。她在黑板上用粉筆畫出一個表格，從九點到正午（午餐時間）之間分成三十分鐘的單位，三十分鐘時段的旁邊有個空格，如果蓋瑞在這段時間內表現良好就可以在這個空格內得一個「X」。

如果蓋瑞在這六個時段至少得五點，吃午餐之前、上午快結束時就可以額外得到十五分鐘的休息時間或特別的故事。（老師會準備一個令學生特別感到興奮的故事，有時候念故事給大家聽，有時候則是自己編的故事。）只要蓋瑞不亂丟東西或不碰隔壁同學的東西時就可以得到點數，但在三十分鐘內必須完全不出現這些行為才行。（我們知道蓋瑞偶爾有三十分鐘時間或更久沒有干擾別人，所以在塑造更久時間的良好行為上，這樣的安排似乎是個好的開始。）

計畫就這樣開始進行，蓋瑞不當的行為照常發生，所以前半個小時並沒有得到「X」。從那段時間開始，我和觀察同伴們注意到一個愈來愈有趣的現象，蓋瑞的同學鼓勵他行為節制些，特別是老師轉身回來的時候。同學們把手指放在嘴唇上做出「噓」的手勢，並且對蓋瑞使眼色，暗示他不要說話；另一個孩子移動他的頭，暗示他**不要丟東西**。對面那排一個孩子跑到蓋瑞的書桌前，把他的東西整理好，並沒收一個玩具。跑過去蓋瑞那邊、收東西又返回自己的位置，這個過程所花的時間太長了，很難不被老師發現；當老師最後從黑板那邊轉過身來面對全班，她很聰明地裝作沒注意到。

從我的觀點而言，這件事看起來有點古怪，但卻很高興如此。每當老師轉回黑板，各種瘋狂的舉動紛紛出籠，至少有四、五個孩子作手勢、微笑、督促他。蓋瑞的同學（還記得他們是因為自己有破壞課堂秩序的傾向才被放到這個班上來的吧）馬不停蹄地做這項工作。如果老師朝著教室一邊看過去，超出她視線範圍的一個孩子就會舉起一隻手對著蓋瑞比出OK的手勢，另一個孩子則會作出「噓」的動作。有趣的事情是，這種一陣一陣的動作就像水龍頭般，隨著老師從黑板轉過來、轉回去而開開關關，一切只為了協助合宜的行為。有那麼一次或兩次，當別的老師或校長來到門口，她離開教室跟他們講話時，教室裡突然變得熱絡起來，所有的孩子都為了蓋瑞而努力——全部都很積極，效果也都很好。

所以你可以預見蓋瑞表現得很好，短時間內就有起色。等蓋瑞的行為改善之後，我們把表現良好而得到點數的最短時間，從半個鐘頭延長到兩個較長的時段：從一早到午餐時間，以及午餐時間到放學。最後，蓋瑞為了得到點數必須整天都表現良好才行。到後來，我們拿掉點數表，改成如果一整天表現良好，在放學前就給全班一項獎勵，而且老師會配合這個方法在重要的時刻讚美蓋瑞。又過了一陣子，我們完全停掉這個計畫，因為蓋瑞破壞上課秩序的行為在這個班級已經不再是嚴重的問題。

蓋瑞計畫值得一提的另一項成果是，不只是蓋瑞而已，這個班級的行為都改善了。即使分享成果的主要目的是運用群體的力量來改變個人行為，而非整個群體，用這種方法也會有這種收穫。那些分享獎勵的人並非當事人，行為改變的程度不太可能和當事人一樣多，因為給予獎勵的標準不是根據他們的行為，但他們確實也會受惠。研究顯示出替代加強的效果：當其他人看見某人因為表現良好而得到讚美和點數，他們自己的行為也可能改變以配合它。行為改變的擴及層面不見得會深入，卻可以加廣，因為它會影響到那些看見與聽見當事人因為表現良好而接受讚揚的所有人。

此外，這種方式在家庭中也很管用。讓兄弟姊妹共同分享獎勵，可以解決「我也要！」的問題，使孩子的計畫進展得更有效果，或者也可以當成改善兄弟姊妹的行為的紅利。

團體計畫

如果我想改善的不是只有一個孩子的行為，而是一群孩子，該怎麼辦？那麼你應該試試團體計畫；這整個團體（只有兩個人也可以）都必須表現出某種行為，以得到共同分享的獎勵。這種計畫可以用在家中所有的孩子、照顧外宿的所有孩子，或者在教室裡面；團體可以指整個班級，也可以是由老師分成的幾群。團體計畫把整個團體當成一個「人」——群體為基本單位，不只是表現出那種行為，接受成果也是。

例如，班上很多學生沒有按時繳交作業，所以老師研擬出團體計畫，在布告欄上貼張點數表，只要班上百分之七十五的人繳交作業，全班可以得一點，或是不要用點數，給予特別的體驗即可，例如看電影、額外的休息時間或說故事。在繳交的情況通常能達到百分之七十五時，你可以提高行為準繩，例如百分之九十。這種方法可以促使同儕之間支持那種被期待的行為，如同上述蓋瑞的例子，只是現在所有孩子的行為彼此相互影響。務必要確定獎品是「額外的」，不要讓班級贏得原本就已經享有的東西。

你已經看過適合應用家裡的團體計畫，在第四章中我們研究出計策，讓麗莎、克莉絲汀這對每次單獨在一起就吵個不停的姊妹花改掉習慣。這個計畫就是把她們當成單獨的個體，在她們好好相處時就給予獎勵，是典型的團體計畫策略。如果麗莎表現良好，克莉絲汀卻達不到，或者兩人情況相反，都不能得到獎勵，因為如果其中一個表現不好，就是「這個團體」行為不合宜。

有對夫妻想出一個不太一樣，但簡單又有效率的團體計畫用在他們六歲和四歲的女兒身上。父母想鼓勵女兒對彼此友善，尤其是他們的大女兒最近上了幼稚園，開始結交幾個親密的朋友，對妹妹的態度愈來愈壞；現在姊姊已經不需要依賴妹妹的陪伴了。所以父母在廚房櫃檯上擺一個透明的小玻璃罐，每次其中一個姊妹對另一個友善，就會在裡面放顆紅豆，例如溫和地說話、分享玩具或甜點、或者只是在早上分別去學校及幼稚園時擁抱或親吻。起初父母在有機會把紅豆放進罐子裡時會稍微提示，可是幾天後女兒對這件事漸漸重視，幾乎不需要再提醒她們。罐子裡裝滿紅豆時（當然每次獲得紅豆時他們一定會讚美女兒），父母帶著女兒去一家他們都很喜歡的餐館吃晚餐並犒賞甜點。

最理想的是將團體與個人結合起來的計畫，這樣的方案中，每個孩子有他自己的個人計畫，但也可以把他們視為團體。例如，一個家庭有對雙胞胎兒子，他們常常鬥嘴，還打得不可開交。爸媽讓每個孩子有張點數表，如果對兄弟表現出關心及態度良好，可以得到點數。兒子的行為雖有改善，父母還是覺得太常吵架，應該還可以做得更好，所以他們增加了團體計畫的要素，如果當天兩個孩子得到足夠的點數，可以多得團體獎，而且只能用這種方式得到特別的事情（例如去看棒球賽，因為他們是棒球迷）。這裡增加的團體計畫要素效果很好。如果你帶一個團隊，裡面每個人都表現很棒，可是你希望行為表現進步更大，臨時增加團體計畫會是個好辦法。可是如果你的團體裡每個人的表現參差不齊（例如哥哥常常得到很多點數，弟弟卻連一點都沒有），那麼應該按照個人計畫進行，最好再多點鼓勵。

低頻率不當行為的計畫

如果不當行為很少發生，會使你沒有足夠的機會加強逆向正面思考的行為嗎？那麼你應該使用低頻率計畫。

我們大部分的計畫都著重在想要增加的某些行為上（例如聽話、有禮貌和功課上），減少其他行為（例如亂發脾氣、說話態度不尊重和攻擊行為），我強調有許多加強練習的機會，不管是因為不當行為時常發生，或因為我們使用模擬練習來製造足夠的這種機會。

但是低頻率的行為投給我們變化球，它們不常發生（我們的經驗法則是一個月一次或更少），然而由於它們的嚴重性而更顯得重要。較大的孩子出現這種行為的典型例子是偷竊、對某些重要的事情撒謊、翹課、闖入、破壞私人或公共物品、從事不當的性行為或使用藥物。然而這類行為不見得都是極端的，包含我們已經談論過那些不常發生的行為。也許你乖巧的五歲孩子一個月只亂發一次脾氣，卻總是在公共場合爆發（例如教堂），用粗話大聲叫嚷，任性的舉動像是氣得要把每個人生吞活剝。對於這種行為你一定很想採取行動，即使很少發生。

這類行為不常發生，所以並未包含在日常的點數計畫中——因為難得有機會加強逆向正面思考的行為來取代它，也很難作模擬練習。（這種計畫通常是分開的，和任何點數表沒有關聯。）針對這種行為選擇一項處罰，通常這種處罰是些耗體力的工作、孩子平常沒做的特別家務。不要超過負荷量，但是這種家務應該要能讓孩子視為有重要意義的，可以包括擦地板、清掃樹葉、拔草、打掃某個房間或房間的一部分（有個媽媽讓她青春期的兒子整理並擦洗廚房的櫥櫃）、整理車庫等工作。想想一些沉悶乏味、孩子不會自己積極挑來做的的事情，我建議給五、六歲小孩子大概十五分鐘的家事，給七歲孩子三十分鐘家事。有些父母會訂立兩種等級的家事：平常的家事和較花時間的家事（較小的孩子三十分鐘、較大的孩子六十分鐘），根據違規的嚴重程度決定應該受什麼處罰。（其他這些事情給他們更多選擇機會，也能滿足他們的公平感。）說謊或從朋友那兒偷些小東西可以處罰較輕的家務，破壞物品或不尊重老師則給予較嚴厲的處罰。

只要指定家務來處罰孩子就可以了，不要說教、不要羞辱，也不要打孩子，把處罰的重心完全放在所選擇的工作上，而不是在於你的言詞或行動。唯一例外的狀況是，當受害者是家庭以外的人或地方，在那種情形下孩子也應該親自向受侵犯的一方道歉。應採取適當的措施（歸還偷竊的東西、道歉、賠償損害）以恢復事情原狀，儘管對於破壞嚴重的東西孩子通常無法償還，無法完全恢復原狀，這種情況下只可能部分復原。

規劃低頻率計畫的做法

1. **確定能觀察你想要停止的行為**，或者能看出那種行為發生的明顯徵兆。有時候那種行為不容易觀察到，例如偷東西或在家裡玩火柴。事先告訴孩子，如果你發現這些行為發生或可能發生的徵兆——在他的口袋或床鋪上發現不屬於他的東西、發現火柴或甚至聞到火柴燃燒的的味道（在我的門診中有個年紀較大孩子的案例，她會燃燒其他的東西來掩蓋味道，以免被聞出來），你將視同已經發生了違規的事情。

2. **挑選沉悶乏味的家務**，而非在他空閒時間喜歡做的事情。切忌使用任何你希望孩子表現的行為或社會所期許的行為當作處罰方式，不適合用來當作處罰的雜務包括閱讀、寫字或算數練習，我們希望孩子喜歡寫字和作算數練習，所以不要把這些事情當成處罰的選擇項目；此外，也不要挑選你一直提醒孩子去做，可是他從來就沒做的事情。不要讓單純的處罰演變成另一場戰役，畢竟你並不是要完成家中的重大事件，否則就會像重新鋪蓋屋頂瓦片時鋪過頭，反而壓壞整棟房子。不要把程序搞混了，只要挑一項達到益處的沉悶工作，也就是不要太快就完成，而且顯然會令他覺得棘手的。如果整理車庫不是他的日常工作，那就是一項適合的雜務，但是如果要他在院子裡挖一個大洞，然後再重新把土填回去，就顯得過分、不恰當，也不會有建設性。

事先決定做什麼雜務也是很重要的。你應該準備一些可以上手的腹案，以便在孩子犯了不常犯的錯誤時使用。父母親很容易在當場做出激烈、嚴厲的手段，尤其如果所犯的錯誤很嚴重，他們抓狂時這些處罰往往會造成更大的傷害而不是益處。由於低頻率計畫運用到的處罰比我們平常的點數計畫還多，而且由於處罰的意義相當大，我們必須更加小心，以確定處理得當。事先準備好要用什麼處罰並且堅持你的選擇是重要步驟，不要把做家務的時間延長，因為時間愈來愈長並不等於愈來愈有效率。

3. **保持冷靜**，這點我在第六章已經充分說明。

4. **在你指示孩子做低頻率的雜務之前，應該跟他說明計畫**。這裡舉因為偷竊而解釋低頻率計畫為例：我知道有時候你看見喜歡的東西會想據為己有，我也有很想要某樣東西的時候，但是除了據為己有外還有其他做法，可以講出你想要買什麼東西或跟別人借。可以要求我把這項東西列為點數表的獎品，或自己存錢買，我知道你已經自己掏錢買了很多東西，這樣很好，可是萬一我發現你拿了不屬於你的東西，即使是想要借但忘了徵求別人同意，我都會額外給你家務。我知道你不喜歡做多餘的家務，我也不希望如此，所以不要有偷東西的念頭。

5. **立即指定家務**，如果事實很明顯或你強烈懷疑時。

6. **不要用家務來威脅，也不要先警告**。馬上指定家務，行為和結果兩者應該自動連結。

7. **不要吵架或辯論**。告訴孩子他做錯什麼（或你強烈懷疑他做錯什麼），冷靜地指定他做家務。

8. **如果剛開始孩子不願意做家務**（例如整理車庫三十分鐘），冷靜告訴他，等他開始做家務才開始計時。

9. **如果孩子不願意做家務，給他選擇是要做家務還是喪失權利**。除了家務，事先選擇一、兩項權利，免得在你火冒三丈無法思考時，還得想出一項。

10. 如果孩子答應去做但卻以無法令人忍受的方式——生氣、失控，或故意做可怕的事項——**冷靜地制止他，並沒收權利**。

11. **孩子因為表現罕見的不好行為而去做你指定的家務時，不要忘了給予讚美**。在他一開始動手、正在做、完成家務時都要讚美，年紀愈大的孩子愈不需要熱情洋溢地讚美，但說詞一定要具體：「你把工作做得很好，能用成熟的方法處理艱難的情況。」

12. **繼續讚美逆向正面思考的行為**。例如，你使用低頻率計畫在偷竊行為上，每次他要求某件東西、等著存錢買東西、或告訴你他好喜歡某樣東西，應該予以肯定。如果你是因為孩子說謊而使用計畫，每次在他可能說謊的情況下告訴你實情，應該加以讚美來支持這種行為。

低頻率計畫的例子

當八歲大的麥提（Matty）被拒絕或生氣時會大發脾氣，躺在地上大喊大叫，發出刺耳的尖叫聲，通常這樣持續了十分鐘左右。他幾乎每天都固定會上演牛脾氣爆發的劇碼，有時候是因為洗澡時間或就寢時間這種平常事情引起的。如果他要求某件事被拒絕，通常（大概有三分之二的機率）就會發飆。目前為止我所說的都是典型高頻率的行為，可以使用一般的點數表，所以我們制定點數表，只要減少亂發脾氣的火爆程度就可以得到點數。我們說得非常具體，剛開始，在他發脾氣時用平常口氣說話，沒有大吼大叫，可以得五點。他可以說任何話，但一定得以正常的交談聲音。如果都沒有發脾氣可以得二十點、擁抱和熱情的讚美，也就是典型的加強計畫。

這部分的計畫著重在發脾氣之後的一項要素，偶爾（有時候我們並不清楚原因）麥提會破壞東西，通常是撕掉或亂剪，例如撕裂家庭合照，這種行為讓母親（是個單親媽媽）很生氣。有次他憤怒地用剪刀剪掉背包肩帶，把媽媽嚇壞了。

我們設計了低頻率計畫，每當麥提故意破壞家中任何東西，就得做特別的低頻率家務，如把後院的木頭堆好。這個家庭的後院放了好多木頭用來作為火爐的燃料，所以有很多活兒可幹。他母親認為堆二十分鐘的木頭是合適的處罰，我則認為十五分鐘剛好，可是她堅持二十分鐘，而且對於「我的孩子不是唯一不聽話的人」已經能接受。

經過一個星期，脾氣爆發的激烈程度減低了些。高頻率計畫的前十一天，他並沒有得到不亂發脾氣的二十點大獎，但生氣時已經能用平常的口吻說話，因此得了五點。又過了幾天，媽媽跟他解釋（在我的激勵之下），如果他能說明什麼事情讓他生氣而且不爆發脾氣，以及發脾氣時沒有躺在地板上，可以多得五點。接下來三個星期，亂發脾氣的情形減少很多。

這段時間曾經出過兩次破壞性事件，一次是他把地上腳邊的刀子扔出去，一次是在房間丟球，正好砸到檯燈。每次他都得做低頻率家務——堆木頭。

第三個星期，他得到二十點不發脾氣的獎，沒有出現破壞性行為。第四、五星期，媽媽改成週末給他特別的犒賞——電玩遊戲、租影片或家庭活動。

我告訴麥提的母親，在他出現最後一次破壞事件之後，繼續進行低頻率計畫至少六個月時間，這時候她和麥提可以重新協商，但是我們都希望可以不需要如此。

儘管我們不知道低頻率計畫在改進他的行為方面的每件事，不過可以說明幾件事情。首先，這個計畫幫助媽媽能夠平靜地貫徹施行無害的處罰；第二，用高頻率強化與塑造計畫，教他正面逆向思考經常亂發脾氣（偶爾引起破壞事件的發生）的行為，有助於落實低頻率計畫（畢竟它不只包含處罰而已）。當然，我們可以肯定地說麥提的行為進步許多，因此一個月後她母親結束正規計畫，而且也不需要使用低頻率處罰了。

8 給父母的教戰手冊

當一個辦法沒有發揮效果時，應該重新閱讀本書相關內容，確定你切實遵循所有指示。如果還是沒有解決，可以翻翻本章的內容。首先要提醒你是否確定所有的準備程序都做好了。有時候問題很簡單，有時候稍微複雜些；通常只需要將我的基本方法作簡單調整，並對症下藥。不管哪種方式，本章將幫助你調整行為改變計畫，增加達成你期望結果的可能性。

我在本書已經解釋過，有關改變行為的方法與其說是理論或觀念，還不如說是種技術。數十年來，多數提供治療的人以為病人狀況沒有改善時，是因為病人本身不對，例如他拒絕治療師，或沒有按照囑咐去做，從這方面看來很明顯（當然這不是很科學的方法）他真的有問題而且需要幫助。問題都被以為出在病人本身，精神病學及臨床心理學長久以來都歸咎於病人，最糟的是，怪到病人的媽媽身上。

即使今天，就算用最精確的科學方法，我們也常常無法找出行為問題的根本原因。是遺傳嗎？是早期童年經驗造成的嗎？是成人對行為的反應使得它惡化嗎？有時候包含了以上所有原因。但是我們不必為了改變行為而知道究竟為什麼孩子會鬧脾氣或撒謊，即使不去注意真正原因，我們也知道如何改善行為，而且最好的辦法就是動手改變它。不要把孩子當成他不太對勁需要矯治，不太對勁的是行為，所以應該針對行為來解決。

我的方法像許多當今最好的兒童行為思考與研究一樣，強調可以做些什麼（尤其在家裡）來改變行為。當這種改變產生時，父母往往會有想要看看孩子內心發生什麼變化的好奇心。父母們說，**我的孩子像變了個人一樣**，或**他變成貼心的人，現在我們更容易對他付出關愛**。真正改變的當然是行為：脾氣爆發次數減少、攻擊行為降低，其他伴隨改變而來的——衝突較少、對立較少、孩子較順從——可以溯自那種外在改變，通常是父母調整方法，以鼓勵、關注、獎勵或處罰行為所產生的結果。研究顯示，當孩子的行為改進，父母的沮喪、焦慮和壓力程度都會下降，家人相處也會更融洽。是那些變化在家中每個人體內產生作用嗎？也許吧，不過是行為使得他們之間發生改變，因此如果行為沒有正確表現出來，我們可加以調整。

當計畫沒有發揮應有的作用時，首先應該問，我們做得正確嗎？如果在我們進行計畫的過程中找不出問題，應該問，我們需要改變計畫以配合情況嗎？在我們問過這些問題並回答後，檢視一下孩子，看看是否有什麼問題。本章提供方針，讓已經開始進行計畫、對於結果不滿意以及需要作調整的父母參考。

什麼時候需要教戰手冊

你如何分辨出計畫沒有發揮出效果?下面這五種情況表示你需要疑難排解:

1. 行為沒有出現改變。

2. 雖然行為有些改變，但是進展太慢或太小，例如，一個星期後看不出很大的進步，或發脾氣次數減少卻同樣激烈，家人依然受孩子亂發脾氣的威脅與掌控。

3. 你正著手解決的行為問題變得更嚴重，這項計畫似乎沒有效果，甚至使事情更惡化。

4. 行為雖然改善卻不持久。當你停止計畫，每件事情都回復到原點，好像你從來就沒實行過這項計畫。

5. 在給予點數的那段時間和地方（例如在家裡晚餐後）**行為改變，出了家門之後在別的地方**（學校、阿嬤家）**，問題行為照常發生。**

在我的門診中和父母親們研究問題，見到上述所列的各種情況。到目前為止，發生情況最少的是第三項。我見過孩子的行為因各種原因而迅速惡化——濫用藥物、父親或母親身故等家庭變遷、精神疾病狀況等——但是在已經展開改變計畫的案子中，只有幾個情況變壞，每個出狀況的案例主要都是家庭因素：有個案例是進行計畫時父母親凌虐孩子，另一個案例，父母說他們按照計畫進行，但我們發現並未切實執行。該計畫導致行為退步的情況少之又少，同樣地，徹底實行計畫卻沒有達到預期改變的情況也很少。

常見的難題（以及快速矯正）

在我們進行細節討論之前，請先檢視會影響計畫進行但很容易修正的兩個常見問題，它們就像是沒把電器插頭插進去或沒按開關一樣。

第一，你是否不分青紅皂白地隨便給獎品？當父母希望孩子去做某件事，即使不屬於行為改變計畫中要解決的問題，也會習慣說，**如果你做某件事，就可以得到獎勵**。他們成天不斷提出新要求和獎賞。例如，**倘若你到樓上去把我的拖鞋拿下來，我就給你一張貼紙**；或**如果你待會兒能夠安靜三十分鐘讓我睡個午覺，就給你兩點**。這種臨時想到的計策，效果通常不會維持太久，甚至會讓孩子反感，導致他逃避這項計畫並且不予以回應，因為這樣違反了我們的某些基本原則。記住，我們要建立行為——獎賞間一貫的關係，希望能漸漸把獎賞取消，讓他很快不需要獎勵，或只是稍微給予讚美當作獎勵就願意去做。我們要孩子知道行為與獎賞之間的關聯，所以父母不斷提出行為——獎賞之間的新關係是不可取的；我們想要加強練習，就是製造更多機會讓相同行為產生，所以一定要壓抑突然想提出新獎賞計畫的衝動。遵照計畫進行，務必事先跟孩子講清楚獲得獎品的制度，才不至於到時候為這件事情解釋個不停。

第二，你是否提醒太多次了？下面有幾個主要原則：如果你講兩次（剛開始的說明加上一次提示），那是提醒，如果說三次以上，就是嘮叨，而嘮叨會使這個計畫的效果打折扣。我們討論過，用明確、具體的提示可以讓行為順利進展：**「請把你房間地板上的四個玩具撿起來，放進玩具箱理。」**提示可以引發行為，而這種受激勵的行為接著應該被強化：**「很好，我要求你把玩具撿起來，馬上就做到了，實在太棒了！」**可是如果你繼續像平常一樣嘰嘰喳喳說個不停，提醒的效果很快變小。重複提醒沒有幫助，而且會削弱前事（你的提示）和行為與結果的關聯，並減低語言的力量進而妨礙行為的發生。更多提醒只會讓正面行為更少發生，削弱孩子對你回應。嘮叨過的人會告訴你，嘮叨會增加孩子逃避、對你敬而遠之的機會。

所以，先確定你沒有丟給孩子過多的獎賞和提醒，如果那樣並沒有解決問題，應該繼續檢查其他事情。

教戰手冊的原則

如果確定自己沒有丟太多獎賞，也沒有對孩子嘮叨，或者已經修正過那些問題，但還是沒有得到你想要的結果，那麼列一份疑難問題清單吧。在很多案例中，只要改變這些疑難問題的一項或多項，就可以大幅改變計畫結果。必要的話可以檢視並改變下面的次序：

檢視提醒的時間點

你是在行為發生前就提醒孩子嗎？提醒包括說明、紙條、暗示、手勢、指引和協助（至少第一次和孩子一起做部分或全部的工作）。如果太早就給予提醒，通常效果不彰，尤其是第一次，**請打掃你的房間**，這句話應該在你希望這項行為產生前一刻就說。之後當行為漸漸上軌道，可以補充這句，**今天晚一點或等你放學回家……**；最後都不要提醒他。我們希望達到讓凌亂房間本身就能提醒他清理的目標。可是在行為發展的初期階段，應該在接近行為產生的時間去提醒。

行為標準太高了嗎？

你對於良好行為的期待太高了嗎？最常導致計畫失敗的原因就是，父母對於好行為的期待過高，例如，孩子必須把所有功課做好、把他房間全部清理乾淨，或整天都表現得很好。這種不切實際的期待，造成很多幾乎完美或非常好的行為在沒有讚美或其他獎勵的情況下退步。實際上，沒有嘉獎好行為，且**只注重較不好的行為，等於漠視好行為**（對此我們用的關鍵詞是「消滅」）和強化恰好相反。不要要求孩子表現完美，孩子和父母親一樣，都無法達到這種標準。因此，當孩子沒有表現出好行為，就把他的行為分解，對於小部分行為予以強化。

例如，不要給孩子十點作為打掃房間的獎勵，改為「部分讚揚」：做了打掃工作給兩點，打掃得很乾淨給五點，只有在幾近完美時給十點。如果孩子得到高點數，要加以讚美：**「真不敢相信你每件東西都收拾好了！好棒喔！」**然後叫你的另一半來房間，在孩子面前熱心地要另一半看看孩子把工作做得多棒。

你也可以加強逆向的正面思考來塑造行為，例如，估計多久時間後孩子會做出不應該的行為，然後延長這段時間。就拿孩子坐下來吃晚餐，通常不到五分鐘就會和弟弟吵架的情況來說，假使孩子坐下來吃晚餐在七分鐘內（放定時器讓大家都清楚）沒有吵架，就給嘉獎（讚美或點數）。如果你能用讚美或其他獎品對這種行為強化幾天，並把贏得嘉獎的時間延長：八分鐘、十分鐘、整個進餐時間。在建立了更多逆向正面思考的行為（晚餐時和平共處）之後，可以只給讚美，完全取消獎品。

表現好行為的機會常常發生嗎？我們的辦法是依靠強化練習——製造很多行為發生的機會，然後給予強化。如果這種行為沒有發生，那麼我們就採取模擬練習——在刻意安排的情況下練習這種行為。這就像訓練飛行員的模擬飛行一樣，不斷練習我們想確定他們清楚知道的行為。在每個人都很冷靜的情況下，一天安排一次練習。練習完你要的逆向正面思考行為後，孩子可以得到一點。練習愈多次，即使是假裝的情況，孩子在當天表現這種行為的機率愈高。在這種行為發生時，不管是模擬練習或真實情況，應該立即用讚美予以肯定。當這種行為在實際生活中發生，你的讚美的原因應該具體說明：例如，**我告訴你下課後不能去塔拉家時，你能保持冷靜，沒有大吼**

大叫，真的很好，我們甚至都沒練習哩！如果孩子在很少或沒提醒的情況下做出你要的好行為，就應該進一步讚美，例如，增加一些話……**是你自己做到的喔！都不必我來提醒，實在太棒了！**記住，我們的終極目標是，讓孩子在沒有受到提醒或獎勵的情況下，表現出期待的行為，所以對於沒有或較少受到提醒而表現出好行為給予大力讚美，是鼓勵這種行為的重要步驟。

強化措施：讚美與點數

讓我們進一步檢視結果。首先，你確定每次或幾乎每次這種行為發生時，你都加以讚美嗎？行為的發生和你嘉獎這種行為的比例有直接關係。在計畫一開始，每次都讚美比起幾乎每次讚美的效果好多了——更精確的講，百分之九十或百分之百的讚美比例，比起百分之六十或七十好多了。在現實生活中，要達到百分百不太可能，可是我發現那些失敗的案例中，通常父母的讚美只接近百分之二十五。

其次，在你給予點數的同時是否也熱情地加以讚美？讚美時要避免敷衍的口氣（心不在焉的說很好、很好），如果你趕時間也不能不耐煩地打發，不要告訴自己「熱情讚美不是我的作風」。我們不是在要求你改變性格或長期表現狂熱。把熱情程度提高一等，而且一定要給予小小的擁抱（對較小的孩子）或擊掌（稍微大一點的孩子），或對於很酷、不屑於擁抱或輕拍的青少年比出「很上道」的手勢。

第三，是當場或很快給予讚美嗎？在行為產生後，對於很大的改變一定要加以讚美，特別是正在培養好行為的當頭。如果你無法當場讚美，應找出立刻讚美的其他辦法。

有時候對於立即獎勵可能只需要做點小調整就可以了，有個只肯吃麵包、拒絕正餐或蔬菜的四歲孩子案例。他的父母想要他多嚐點食物，因此訂出計畫，只要晚餐的食物，他每樣都吃一些，就可以得兩點。點數計畫剛開始進行時，這孩子果然嚐了較多的食物，可是不久又跟過去一樣只吃麵包，即使可以用點數來兌換獎品，但這並沒有吸引他。所以我們結束這張冰箱點數表，改成簡單的摸彩袋。父母在紙袋裡放些小東西——小玩具、玩具戒指、吹泡泡的瓶子。如果孩子吃了兩種以上的食物，晚餐後馬上讓他把手伸進袋子裡抓出一項東西，送給他，獎品比點數的效果更直接，使該計畫作用更好。

第四，支援點數的獎勵——可以用點數「購買」的獎品和權利——這可以有不同變化。有些可以每天購買，有些得存幾天後才能買嗎？這些獎品夠好嗎？孩子是否用得到的點數去購買獎品？如果沒有應該增加幾個支援獎品，花些心思了解孩子會喜歡哪種獎勵，不要以為需要多花些錢才可以使獎品變好。權利、選擇怎麼安排時間的機會、吃什麼東西、什麼時候睡覺、休閒時間家人做什麼活動……有很多不同選擇與誘人的獎品是不需要花很多錢的。

改變獎勵方式對於十二歲的女孩卡門（Carmen）就產生不同效果；卡門已經開始進行一項放學後一個鐘頭內回到家的加強計畫。卡門喜歡和朋友聚在一塊兒，可是她父母擔心這段沒人看著的時間，而且不知道她的行蹤。當她放學後一個小時內回到家，也就是廚房時鐘顯示三點半，可以得到點數。這些點數可以兌換更多手機時間、電腦時間，以及星期五或星期六晚點睡。這個計畫的效果普普通通，後來卡門的父母發現有更好的嘉獎方式：和朋友外出時間，這是她最喜歡的事情。記住，讓孩子參與選擇嘉獎項目，可以提高他們對計畫的接受度，提高計畫的效果。我們調整計畫，如果她三點半之前回家，可以得到外出的權利，重新和朋友在一起半小時；或三點半之前打電話回家報告，可以得到和朋友在外面半小時的權利，如果沒有準時回家或打電話回家，第二天三點半之前就必須在家裡不准出去。如果受罰當日三點半在家（她母親讚美：**妳有責任準時待在家裡，能夠做到這點實在很好**），第二天就可以恢復計畫。同時我們增加一項新獎勵：放學後讓朋友陪她在家一個鐘頭，這項權利很容易可以獲得。

這些小小的調整造成很大的改變，她的行為馬上進步了，上學日中有四、五天她都能準時回電報告或回家。計畫就這樣持續發揮作用，她回到家後不見得會再出門，可能和媽媽聊聊天、在廚房盤旋、開始做點功課，或打電話給朋友。偶爾增加的母女時間對她們兩人都有益處。即使計畫持續進行，卡門有時候直接回家，有時候會打電話說在回家的路上，而不是待在外面。所以這個計畫製造出我們希望的行為，妙的是，它使得卡門願意花更多時間在家，加強她和家人的關係。

最後，孩子是否會得到足夠的點數可是卻不能或不願意把他們花掉呢?沒錯，有些孩子確實會把點數存起來，不常花點數，這種情況下，如果他們的行為持續進步中，就不需要強調這個問題；可是如果孩子的行為改變不夠多，沒有花點數就是個問題。假如獲得點數和使用點數之間的連結破裂，計畫很可能失敗，那種情況下，我們要鼓勵孩子花點數，如此才會更想要獲得點數。獎品應該吸引人並多做變化，請閱讀下面更多關於花點數的內容。

對付守財奴的計策

在點數計畫中，點數可以用來購買獎品和孩子渴望的權利。花掉點數的舉動有兩個重要作用，第一，保持點數本身的價值，點數是貨幣，可以用來買孩子想要的東西，所以對孩子來說是有價值的；第二，如果點數是有價值的，花掉點數會使得孩子努力得到更多點數，而努力得更多點數導致強化練習，這正是計畫的一個重要關鍵。

因此，當孩子累積點數卻不花點數，會是個問題。孩子對於獲得的點數態度不太相同，就像成人處理金錢的方法不同一樣。有些成人以最少的花費來維持生活所需，喜歡把剩下來的貯藏起來——放在銀行裡或是撲滿裡。所以人們在存錢和消費的行為上是不同的，但是在點數計畫，我們希望孩子能賺取也能消費，才能持續受到激勵，努力強化練習。

如果孩子累積點數但很少花掉——守財奴計策——首先確定一下是否有五、六個不錯的獎品可供兌換，而且有幾項是只需要一天或兩天就可以用點數購買的。如果都沒問題，孩子的行為也在進步中，就讓孩子繼續囤積點數，不必改變計畫，因為計畫發揮它的效果。

可是如果孩子的表現不怎麼好——如果行為沒有進步或到普通程度就停滯不前——我們希望

鼓勵消費，最簡單的方法就是增加計畫規則，例如，可以規定孩子每隔一天或每星期最後一天至少得買一項獎品。時間問題並沒有那麼重要，每隔一天或每個週末我都使用過，這得根據累積多少點數而定。再提醒一次，只有在點數愈積愈多及行為沒有進步到可接受的程度時，才訂立這種新規則。

案例一：亨利七歲，每天如果好好和跟姊姊講話、不破壞她的東西（拿走她娃娃屋的東西、打翻她梳妝台上的東西等），可以得到點數。每次他在早餐或晚餐跟姊姊禮貌地談話，可以得兩點。第一週結束時可能得四十二點，而他共得三十八點（一天最多可得六點），但是他沒有用這些點數買任何東西，父母親有點擔心，但是我們決定靜觀其變，看看會發生什麼事。第二週情況相同，現在他有七十三點了，都沒花掉。亨利的父母在獎品單裡增加了一兩項吸引人的東西，但他仍繼續儲存點數，拒絕買東西。我們再次檢視計畫，亨利的父母親在讚美好行為與給點數上都很得當，亨利的表現也幾近完美：可以獲得的點數他幾乎都拿到了，他對姊姊的態度改進到算是正常的程度了。他和姊姊差兩歲，鬥嘴是很正常的事，有時候他們確實會吵架，可是計畫實施後，姊弟之間的緊張關係已經降到可以接受的程度。

這是怎麼回事呢?亨利似乎只喜歡累積點數，即使沒有用點數來買獎品或權利，也足以鼓勵他。為了減輕他父母的擔心，利用他對累積點數的樂趣，我們要亨利的母親要求他幫忙作圖表，記錄他已經累計了多少點數。他很喜歡這個點子。

這個例子的啟示是，如果你的嘉獎辦法效果不錯（在這個案例中是純粹累積點數），那麼就繼續使用，找出可以和這個計畫結合的辦法，在這個例子中是完成圖表。四週後我們改變計畫，刪除掉點數，改成「大日子」圖表——當他在早餐和晚餐對姊姊有禮貌，沒有惡意弄亂她的東西，就得到「大日子」等級。最後，每個人對於圖表都失去興趣，計畫也就終止。六個月後我們檢視過去，新的行為已經培養出來：亨利對姊姊的態度在家中已經不再是個困擾。

案例二：克莉絲朵（Crystal）十一歲，正進行一項幫助她完成作業的計畫。開始做作業可以得兩點，每做十分鐘功課得一點（最多四十分鐘），如果在時間範圍內完成功課可以多得點數。第一天她做得很好也得到點數，可是第二天就退步，得零點。接下來幾天表現起伏不定，普通時得三點，好的時候得六點，我們希望做些調整，以促進其穩定性。她沒有花點數，所以我們檢查獎品的品質和數量，確定獎品的吸引力是否足以刺激消費。我們增加購買一些化妝品和髮飾的機會（她非常喜歡這些東西），然後告訴她必須每星期用點數至少買三次東西：星期一、星期三和星期五。這種改變使得完成作業的表現較為穩定：接下來六天每天得五、六點。我們不確定是否較好的獎品或需要花點數的規定起了作用，但是這樣的計畫組合促成了我們所期待的表現穩定。

檢討計畫

我們已經完成基本的檢查步驟，現在來看看其穩定性。如果家裡有兩個成人以上應該通力合作，確定用類似的方法進行。兩個人的做法不太可能完全相同，起碼剛開始是如此。為了改變孩子的行為而接受我輔導的家庭中，我見過不稱職也見過有技巧的夫婦、祖父母，這些夫妻或大家庭在同個屋簷下執行計畫的差異性卻極大。在人類方面如果要說有件事心理學可以肯定的話，那就是個別差異。給兩個人、兩千人或兩百萬人作同樣的訓練、指導或藥物治療，他們的反應不見得都相同。

執行的做法一致對我們的計畫非常重要，因為不一致將會使效果大打折扣。計畫開始時，最好讓父母其中一方徹底執行，或在每天的部分時段徹底執行，這樣比起經由幾個人在幾個時段執行態度不一致要好些。初期工作是要讓行為在某些情況下改變，例如在早上，或只由爸爸或媽媽主導。一旦這種行為在有限的情況下培養出來（這是最困難的部分），將這項計畫擴充到其他人、環境和時間上，就容易得多了。

一般性問題

萬一我故態復萌對孩子吼叫或打他，怎麼辦？這樣會抹煞全部的進展嗎？不會的，這就像違背你的節食計畫，吃了一塊起司蛋糕，或違反你戒菸的承諾。現在該怎麼辦？你得回復節食計畫，得再次戒菸。如果不能完全停止抽菸或偶爾吃整塊起司蛋糕，起碼應該減量，或吃小片起司蛋糕，這樣還是能保持健康。當你吼叫或打小孩，你的目標也隨之破滅，但即使減少這些行為也能對家庭生活產生正面影響。我曾經輔導過許多完全不用嚴厲體罰的父母，但是我輔導過更多需要減少打孩子的家庭（也就是父母發脾氣而壞了我們的計畫），這種舉動從每天發生或每週四次，到一個月偶爾出一次差錯左右。雖然不完美，但這種不完美的改變——大大地減少打小孩——仍然是很重要的。

如果這種計畫中止了呢？像是孩子參加露營或我必須離家幾天呢？如果沒辦法好好執行，就先去辦你的事情，暫時停止計畫。如果你必須停止一個星期，那就停止，以後再回復計畫。如果你只能在週末適當進行，那就在週末。

更棘手的問題

在第七章你已經學到一些計策，可以用來解決行為不夠好及一個孩子以上的情況，包括幫助啟動行為（讓孩子開始做該項行為或達成起始步驟）、分享成果（孩子做到該項行為，他的同儕都可以分享獎品），以及低頻率計畫（改掉只有偶爾發生的不當行為）。這些對策也可以用在棘手的情況，因為每個對策可以增加進行得不太好的計畫的效果，不過必須提醒你：我不希望你以為如果一個計畫沒有效果，就應該自動增加特殊方案。絕非如此。如果一項計畫是因為執行或設計不當而失敗，縱然增加成果分享或另一項特殊方案，也於事無補，所以在本章最後我要回到特殊方案，先強調應該先檢查基本原則。

例如，計畫沒有成功是因為你對於良好行為期待過多，沒有足夠機會讓被期待的行為得到重複練習，那麼幫助啟動會是個實用的辦法。儘管塑造行為是修正問題的主要策略，為了幫助啟動這種行為，剛開始或許只要著重在前面部分的次序。譬如說你要孩子整理他的房間，當你們兩人都在客廳時可以說，**請進去你的房間，撿起地板上的玩具，放在玩具箱裡**（有效、具體的提醒），可是如果這樣無法產生你想要的結果，和孩子一起走進房間然後提醒他，這樣效果或許比較大。這種情況需要幫助啟動，進去他的房間是行為順序中的早期步驟，最後使他整理房間。

如果你有兩個（或更多）孩子、有個別的點數計畫，卻看不到足夠的進步，可以增加團體計畫，兩個孩子一天最高可能得十二點，如果他們得十點就可以額外得到紅利。那種激勵可能使結果（另一項獎品）和前事（兩兄妹或姊弟互相鼓勵表現良好，以便一起得到團體獎品）較豐富，讓他們有休戚與共的感覺。

如果大部分問題是一個孩子造成的，可是你要其他在場的孩子也一起負責任，分享成果會是個解決辦法；如果你想解決的行為其嚴重性並沒有減低，可是出現頻率卻低到無法用逆向的正面思考，甚至也無法用模擬練習來加強，這時可能需要低頻率計畫。

只有在你能了解把特殊方案視為最後籌碼，而且檢查這項計畫已經插上插頭、打開開關及適當操作，我才會建議你翻回第七章的特殊方案，作為棘手問題的支援對策。

9 幫助孩子越來越完美

孩子並非完美的（未來也不可能），當你開始著手行為改造計畫，將會減輕某些問題，讓孩子有趨向正常、合乎年齡的行為。但你應該問自己，**我希望產生的這種行為是符合實際的嗎？**如果答案是否定的，就應該繼續追問，並深入檢討，直到答案是肯定的為止，然後考慮下個問題——也是最後我們希望的：**我如何確定改進的行為能持續下去，並擴及到其他情況？**

這裡有三個目標，分別是：(1)讓你想要的行為產生（前面幾章已經探討過），(2)計畫結束後讓行為持續下去（技術用語是「維持」），(3)讓行為延伸到你希望看見它們出現的場合中（技術用語是「轉移」）。第一項當然是最重要的，首先應該有效施行計畫以改進行為，不用去擔心如何讓改進的行為持續及延伸下去。一旦計畫產生作用，只要把重點放在維持與轉移即可。後面這兩部分其實有點重疊，所以本章會把它們放在一起處理，然而它們代表兩種不同的目標，所以實際進行的時候需要分開及個別處理。

繼續保持好行為

剛開始你可能有些疑問——當第一個也是最重要的步驟完成，看到期待的行為出現後，父母親常常會問：**我讓孩子做出我希望的行為，可是只有在給獎品期間這種行為才會持續嗎？若真如此，這項計畫又有什麼好處？**

沒錯，剛開始進行計畫時讓孩子做這項或那項行為，只持續短暫時間（幾天或一個星期）計畫就結束，孩子的行為可能又故態復萌，你可能失去暫時獲得的所有一切。可是如果計畫執行更長一段時間——究竟多長得視個人以及計畫如何施行而定，我無法提供確切時間，不過幾星期到一、兩個月顯然是重要期間——在這個階段如果有足夠的機會強化練習，在計畫結束後，孩子的好行為常會保持下去。根據我的研究案例，通常會在治療以後一、兩年時間內仍保持改進後的行為，顯示繼續進行的正面效果。

其實，這樣的結果並不讓人感到訝異。我們知道一旦在日常生活中培養出好的行為，通常不需要特別努力就會維持與延伸下去。當這些行為持續表現，會漸漸變成習慣，不需要時時刻刻的獎勵。幾乎所有的孩子、青少年和成人的行為都是這樣。我們的行為經由運作、練習、自我管理、家庭常規及社交禮節（例如打招呼和保持笑容），變成完全不需要或不太需要依賴獎勵，這就是所謂的習慣成自然。從深度的行為研究顯示，一般行為養成以後，就可以跳脫過去用來發展它的前事和結果。當你三歲的女兒長大到二十三歲後，當她用湯匙而非用手抓麥片吃時，你一定不會再給她貼紙和擊掌。也就是說，當你用行為改變計畫所培養的行為進入不需獎勵的階段，即使沒有特別注意也能好好持續下去。

當然，新行為無法保持下去也是偶爾會遇到的經驗。非常希望能培養的行為——固定閱讀、學習新事情、練習彈奏樂器——在除去強烈控制的前事和結果後通常無法繼續。即使是數學好的學生，如果沒有作業和考試，也常常停止練習。即使是喜愛彈奏樂器、有天賦的音樂高手，如果父母不再提醒也不再獎勵他們彈奏樂器，通常也會減少練習。保持行為和無法保持行為都是每天會經歷到的部分。

讓行為長久保持的最重要方法是，一開始就徹底執行計畫，除了第一次需要運用簡單的好技巧——ABC法則，並遵照這種計畫進行幾星期——以便讓行為持久外，並不需要特別的策略。

透過強化練習和許多練習機會培養出來的行為，通常可以保持下去。就我的經驗，通常是我們設計計畫，父母來執行，我們會視需要來調整，以確定讓計畫發揮效果，並持續進行幾個星期。當行為產生改變，變得相當穩定，大家都感到滿意後，計畫就可以停止。一旦正面行為取代了大部分的問題行為，沒人很希望再進行計畫，通常就不需要了，除非我們看見行為又倒退了些。

最好是按標準順序進行，如果剛開始馬馬虎虎地進行計畫，將看不出行為有什麼變化，即使最後達成改變行為的目標了，通常也比較難持久。換言之，計畫一開始就應該切實執行，不僅做法要正確，還應貫徹執行兩、三個星期或一個月——不管要多久時間，進行了半個階段後要到達終點線就容易多了。剛開始正確進行計畫的其中一個步驟就是，大大地讚美，給予點數和獎品。因此讚美和關注結果和點數、或他們購買的獎品，其重要性差不多。在計畫停下後，藉著讚美可以幫助計畫發揮很好的效果且持續很久。

由於父母親的行為在計畫結束後不一樣了，孩子進步的行為通常也能持續下去。學到改變的不只是孩子，運用ＡＢＣ法則的父母，其教養行為通常也能大幅改進。他們把從計畫中培養成的教養習慣向外擴展，特別是他們比較不可能用嚴厲的命令、無窮盡的指責、體罰，使問題更加嚴重。他們會具體說明喜歡什麼樣的行為，看見這種行為發生時，也會更加明確地給予讚美、鼓勵，企圖肯定與強化正面行為。

普遍的情況是，當孩子行為改善後，他的環境也跟著變化，父母親可能以關注和讚美的方式支持孩子改善行為，家庭氣氛也更加輕鬆。不僅是父母，孩子甚至也明白，正式計畫雖然結束，但孩子與父母改進後的行為仍繼續相互影響。我們的研究不斷顯示，執行計畫對於家庭環境的改變已經超越了ＡＢＣ法則，不僅親子關係改善，家庭功能的運作也更順暢，而家庭生活變化的效益決定於執行計畫的技術細節上。

停止計畫

減少計畫的方法如下：

一、讓嘉獎方式斷斷續續或延後（或兩者並用）。在培養行為時看見那種行為出現，給予嘉獎是非常重要的。發展該項行為時，則多強化該項行為本身，使表現該項行為和得到獎品的直接關聯減少。例如，做二十分鐘功課不需要每天給點數，每隔一天給一次即可。孩子得到的點數是一樣的，可是他的行為必須連續兩天都達到標準才能得到點數。如果每天做了二十分鐘功課可以得五點，假使他星期一和星期二都按時做功課，星期二可以得到十點。（即使星期一晚上沒給他點數，那天也要記得加以讚美。）可是如果他在星期一或星期二鬆懈了，則兩天不能得到點數。

一星期左右之後，如果大部分的晚上（例如五個上學日中有四天晚上）都符合做功課標準，可以在最後一天給二十或二十五點。不必要求完美，但是可以為表現完美給予紅利點數。例如，他一個星期有四天晚上都乖乖做功課，可以得二十點，第五天晚上還可以得紅利五點，所以總共是二十五點。可是如果只有三個晚上乖乖做功課，低於每星期四個晚上的最低標準，整個星期都不能得到點數。

剛開始改變行為就把嘉獎計畫延後，可能無法達到效果，因為這樣太零散了，行為和結果之間的關聯過於薄弱，可是如果把延後嘉獎計畫當作維持行為的方法，效果就相當好。很快地，在每星期的最後一天給予點數，幾個星期後也許就可以完全拿掉計畫了。

二、運用分級制度。另一項漸進式停止計畫但能繼續保持該項行為的方法是，將該計畫分層級，讓孩子隨著這些層級進步。最後一級就是當孩子的行為不需要特別關注也能繼續表現，而終止計畫。

第一級就是我們在前面幾章討論過的正式計畫。在行為穩定發展後，將孩子的進步分級，鼓勵他更上一層樓。最小的級數是兩級。在我們運用分級計畫時，通常分成兩級或三級。當孩子進步到下一級，將行為的結果延後或間斷，減少對行為立即的控制。激勵孩子進步升級的是，他可以得到新獎品和更多自由（更多選擇、更多獨立）的管道。

我們對動不動就發脾氣的六歲孩子傑克使用分級制度的兩級方案。第一級是，如果傑克能夠不哭不鬧，冷靜面對「不行，你不能那樣做。」或「睡覺時間到了。」每天都可以得到點數。如果睡覺時間很平靜，可以得兩點；如果父母親拒絕他的要求，而他不發脾氣，每次可以得兩點。由於他幾乎每天都習慣要求特別的食物、權利、探險和看電視，父母對這些要求常常說「不」，所以他有很多練習**冷靜以對**的機會。冰箱上面有張點數表，每天晚上如果他得到足夠的點數，就可以買各種獎品，包括從摸彩袋拿出的獎品、小棒棒糖等。實施計畫初期，為了強化練習讓行為順利進行，我們在當天先做了模擬練習。一星期後，我們減少模擬練習到一週兩次，脾氣爆發的激烈程度已經減輕，而且大部分時間他都沒發脾氣。

我們繼續第一級的做法，此外還告訴他，如果連續兩天完全沒有亂發脾氣，將會終止第一級計畫，進入第二級。在連續表現完美的兩天後，他沒有得到點數，但是可以選擇獎品（不用付任何點數），而且可以晚十五分鐘上床睡覺（新獎項，只有這一級才有）。如果第二天仍然沒發脾氣，第二級的情況可以持續到另一天——因為第二和第三個完美的日子是連續的，當然達到連續完美兩天的標準，同樣地第四、五天……也是，只要連續不發脾氣。如果有天他發脾氣，我們就回到第一級。我們稱呼第二級為「大男孩階級」，這一級帶給他挑戰的氣氛——增加發生行為可能性的預備事件。傑克在剛開始四、五天處於第一級，進入第二級停留了幾天後發了一次脾氣，又回到第一級，之後又連續出現完美的兩天，再度返回第二級，從那時候起就常常保持在第二級。

很快這個計畫就不需要了，可是當然在需要的時候，他的父母總是會恢復計畫。

轉移行為到新情況

有時候父母親們告訴我，他們會擔心設計點數的計畫是在不自然的情況下培養出來的行為，沒辦法在真實世界中表現出來——在真實世界中人們不會熱情洋溢地讚美，也不會明確地告訴孩子為什麼要讚美他們、熱情地擊掌、擁抱或在冰箱的表格上畫點數記號。當父母親告訴我這樣的事，我意識到自己沒有把重點傳達清楚，我們從未想要把計畫永遠進行下去，而且也不需要如此。按表操課當然是不自然的，但這只是權宜之計，儘管結果不是暫時的。接著父母又會問：

「如果我在家裡都按照計畫做了，這項行為會在學校、課堂上、校車裡及其他所有地方表現出來嗎？」在把行為延伸到其他場合方面，那的確是重要的問題。其他的類似問題：**「如果我和孩子遵行計畫，當他和爸爸、祖父母、老師、教練或和每個沒有和他一起進行計畫的人在一起時，也會做出這種行為嗎？」**為了方便起見，我把新環境和不同的人都歸納在一個標題下：新情況。

首先我應該指出，想要把行為擴展到其他情況，通常不需要特殊策略或技巧來。

有時候把行為轉移到其他場合是不需要的，有時候計畫只致力於改變一種場合的行為。例如，我見過許多孩子在學校表現很好，可是一回到家就變了樣，出現某種特殊問題：爭吵、打架、破壞物品、同儕關係不好等等。這裡的計畫著重在該項問題在哪裡發生，一旦問題在那裡解決，問題就結束了，不需擔心在新的或不同場合是否表現出這種行為。

有些計畫本身自然可以運用到許多場合和許多人，所以不需要特別擔心延伸計畫的這件事，偷竊就是常用的例子。有些孩子只有在家裡、商店或朋友那兒偷東西，有些人在許多地方都會偷東西：商店、家中媽媽的皮包、學校裡同學的抽屜等地方。儘管獎品是在家裡給的，但用來制止偷竊的計畫則是針對許多場合的行為，不需特別擔心該計畫延用到其他場合的效果。做功課也是一樣，它包含兩個背景——家裡和學校——通常不需要特別擔心延伸到其他地方的問題。

行為進步常會自動轉移到不同場合。在家裡控制脾氣通常能減少在其他地方脾氣爆發，不管是父母可能在場（例如雜貨店）或不在場的地方（例如學校）。由於行為的持續性，通常行為本身會延伸到其他場合，但我們也不能抱著絕對會如此的希望。

不同的背景和人們

擬定計畫時必須決定什麼是受期待的行為，以及在什麼地方和對什麼人表現出這項行為。如果答案是地方和人都沒關係，則必須舉幾例來說明你的意思。例如有個媽媽告訴我，他希望喬伊能對大人表現尊敬的態度——當然第一個是我，而且還有他爸爸（他不在家裡）、老師、爺爺、鄰居和地鐵上的人。換言之，她希望在許多不同的場合和人群都能做到。計畫開始時，最好就能清楚描述目標，但不必做任何達到目標的事。第一件工作就是控制行為，即使是那個星期短暫的時間（例如一天）以及狹隘的情況（晚餐前和父母在一起）。

當行為正在培養而且顯示適當進步時，應該問：**「這種行為改變發生在我所希望的情況範圍之內了嗎？」**答案可能是肯定的，在一個或更多場合中，你看到孩子的行為改進了，可是如果行為沒有轉移到你希望見到的場合或人，那麼將計畫擴充到沒有產生變化的一個或兩個其他地方。類似研究顯示，在一個或兩個場合中持續進行計畫，這種行為表現很快就會擴及到所有的場合。類似情況，如果只有你在場時行為才會改進，那麼要將行為轉移到其他成人在場可是你並不在那兒的場合中，可以讓一、兩個人在一、兩個情況中施行點數計畫。

這種程序是「訓練普通情況」，也就是把計畫分成幾種新情況，訓練孩子在任何新場合中做出新行為。你提醒過孩子多少次說「請」和「謝謝」？理想上，如果本世紀某個時候找出到火星旅行的辦法，他在火箭上會跟服務員說請和謝謝，你不必在那兒督促他或給他點數，在外太空時也不必教導他說這些話。在家裡、運動場、別人家裡，以及保母照顧他時教他說請和謝謝，就足以運用在可能出現的新場合了，孩子到時候會把這種習慣表現在你作夢也想不到的場合。

要讓這種行為普遍表現，你必須訓練多少種情況才夠？這個問題有點複雜，沒有人可以確定數目，不過答案似乎是只要幾種情況就夠了。

以我在門診中訓練父母親（不是孩子）的行為為例，雖然我們是在辦公室輔導他們，但目標是確保他們在現實生活中實踐我們教導的行為，所以在治療之初，如果他們在接受輔導時做出正確的事情（例如適當的提醒），我們會給予讚美，但是也讓他們在家裡實踐這項計畫。不只是在家裡完成改變孩子行為這項明顯的目標，同時也要確定父母在實際生活和我們的輔導中都做出被要求的行為。在父母說他們做到了，而且點數表顯示他們的努力，我們會加以稱讚；當我們打電話問他們進行的情況，對他們說的良好教養行為也會給予讚美。我們訓練父母對於達到要求的教養行為互相讚美（**老公，你的提醒很具體，不錯喔**），所以不是只有治療師給予讚美。還有些例子是引進不同場合和人，作為發展行為的部分訓練，好讓這種行為延伸到最初場合（有治療師在場的門診輔導）以外。

談到不同場合和不同人，你將面臨一個重要決定：擴充計畫到新場合，還是停止計畫。如果孩子將和別的大人在一起幾個小時或離開家裡一、兩天，暫停計畫倒也還不壞。即使只是那天或那星期的的部分時段，正確和適當實行計畫也是重要的，不應該一直進行計畫但卻又做得不平均。如果經過安排，短暫停止計畫是沒關係的，有計畫的中斷以及前後不一致地執行計畫，這兩者之間是有差別的。如果你平常徹底執行，那麼去渡個假應該不會有問題。

暫時中斷計畫可以視為小小的試驗，看看計畫進行的效果如何，以及行為是否繼續保持或延伸到稍微不一樣的環境中。如果計畫只執行了一、兩個星期，不要期待過高；如果已經進行了好一段時間，在中斷期間表現不錯，這項行為很快就不需要特別計畫也能表現出來。如果能在停止或中斷計畫時看出這樣的情況也不錯。

延伸完整的計畫到新場合是一回事，渡假時完全停掉計畫又是另一回事，通常你會在兩者間猶疑不定。例如，你可能中止給點數一段時間並說，**看看即使沒有用到點數表，你是否也能做到XX行為，兒子，那也很好啊！**如果你即將和孩子分開，可以增加一句，**如果你做到了就打電話給我（或我會打電話確認）**，到時候在電話中，如果孩子考慮做、企圖做或正在做這項行為，通通加以讚美。由於你不在孩子身邊，沒辦法給他點數，這項計畫是部分停止的，但還是可以透過電話讚美。

再來考慮一些常見情況：保母、幼稚園、學校、才藝班、渡假及共同監護，都會產生這樣的疑問：是否繼續保持你要求的那項行為？是否成功轉移到孩子更寬闊的世界？

晚上托保母照顧

你和配偶準備外出，應該讓孩子繼續進行計畫，由保母來執行點數嗎？一般而言，除非這項計畫的行為可能（或只）在你離開的時候發生，否則不必堅持執行。

但如果你進行的是孩子的就寢計畫，和第三章戴維的一樣，而且已經順利實施了一個星期，在孩子進去他的房間、穿上睡衣、爬到床上時你會給他點數，這項計畫進行得非常好，大多數晚上都可以得到點數。

如果今天晚上省略計畫也沒關係，但是你決定繼續進行。指導保母執行最低程度的計畫，她不需要囫圇吞棗的進行整個方法的過程。告訴她在七點半時稍微提醒孩子：**請進去房間，穿上睡衣，然後上床睡覺**。告訴保母，不要嘮叨、強迫，或者和孩子爭辯，但是可以提醒孩子，如果他準時上床睡覺，早上父母還是會和往常一樣給他點數。等你回家時，讓保母告訴你孩子是否準時上床睡覺（以及是否乖乖待在床上，如果下床一次以上就要扣一點），次日早上根據保母的陳述給予點數。

或是告訴孩子，**今天晚上你自行上床睡覺，我敢打賭，爸媽不在這裡的時候你一定不會準時上床睡覺**（以玩笑的口吻，當作輕微的挑戰，不要帶有刺激或威脅的暗示）。要求保母只要在平常時間提醒孩子一次上床睡覺即可。回到家時問保母，孩子是否就寢了，以及是否出來一次以上。如果孩子每件事都做得很好，即使只有一部分，次日早上第一件事就是大力讚美他，並給他應得的點數。在這個方案中，你不需要參與太多。

日常的保母照顧

如果平常你不在家時有固定的保母負責照顧孩子，以某種形式延續這項計畫對孩子將會有幫助。當你照顧孩子時仍確實進行計畫，可以幫助孩子進步。在決定是否讓照顧孩子的人參與計畫以及投入程度時，應考慮幾個基本問題：第一，她願意而且可以（能夠合作、靈活的）進行計畫嗎？第二，照顧孩子的人獨自看著孩子而你不在場這段時間，你設法改善的行為會產生或可能產生嗎？如果這兩個問題的答案愈肯定，保母需要參與的可能性愈大。

保母照顧孩子期間如何持續計畫，至少有三個選擇。其一是繼續完整的計畫——點數、讚美、隔離等等，如同你在那裡；其二是省略或簡化計畫，集中在一項主要行為上；或者只要讓保母跟你報告、讓老師或教練使用小卡片報告孩子當天的狀況：用一、二或三級來評定一兩項特定行為，等你回家之後再給予點數和讚美。

培養孩子一項行為時，也許理想情況是在你的時間範圍內執行計畫，尤其在剛開始，這點尤其重要，因為成人草率地執行，往往會在孩子身上產生草率的結果。如果你希望自己不在孩子身邊時整個計畫持續進行，應該訓練保母能適當讚美孩子、如何使用點數等。大部分情況中，你不能只是把這本書交給保母，說：「書給你，星期一之前看完這個部分。」你必須親自指導保母這個方法的重點。可以理解，許多父母不想要鉅細靡遺地交代別人，所以他們作了第二或第三個選擇：簡化計畫或報告卡的計策，任何一種都可以進行得很好。

重點在於保母能夠做得多好。我曾輔導過一個家庭，父母育有兩個兒子，分別為七歲和十歲，家裡還有個阿嬤。從孩子放學到父母下班回家（六點半左右）這段期間，是由阿嬤照顧他們。父母希望兒子能和睦的玩耍，即使是分開玩，不要像平常一樣為了看電視和電腦遊戲而吵架。小孩吵架時，阿嬤會吼叫——這位母親提起，小時候這位阿嬤（她媽媽）就是用這種方式管教她的。她和丈夫並不希望兒子被吼叫，而這和兒子吵架有很大的關係，所以他們想改變阿嬤和小孩的行為。

阿嬤並不相信讚美或嘉獎孩子這套教養方法，她認為這樣會寵壞他們，她認為吼叫比較管用。所以爸媽要求這位阿嬤在晚上告訴他們，孩子是否為了什麼事而吵架；所謂吵架就提高音量。如果阿嬤說沒吵架，孩子可以在冰箱上面的兄友弟恭表（團體計畫）得一點。讓阿嬤卸下管教的責任，改成點數計畫；孩子根據表格上的點數，得到額外的電腦時間和電影。他們得到的點數還可以累積起來換較大的獎品（「火箭登陸月球」方案）：週末時選購一本漫畫。父母還可視情況需要，增加一部非常棒的影片。他們答應每個星期一個下午會分別打電話回家——所以每週五個上學日當中有兩天會打電話回家——跟每個兒子聊天，問他們是否吵架，如果沒有就會在電話中給予讚美。

計畫實行結果是家裡平靜多了。阿嬤勉強承認「孩子們變了個樣」，不過仍然頑固地認為「可能不是計畫的關係」。重點是計畫真的有效果，即使阿嬤一直不相信。我們設法讓阿嬤在願意與能力所及的範圍內參與計畫。

日間照護

在葛瑞絲（Grace）的案例中，日間照護者對於實行計畫也是有幫助的夥伴。葛瑞絲四歲，沒有受過大小便訓練，她幾乎每天中午到下午兩點這段時間在托兒所釀成「意外」，所以被送到我們這裡。我們開始讓葛瑞絲在家裡固定練習上廁所：進去、脫掉褲子、坐下來並待在馬桶上幾分鐘。當她出來時，父母加以讚美、在表上加點數。練習時葛瑞絲不需要真正使用廁所才得到點數，只要完成進去洗手間的固定步驟就可以了。

「水患事件」依舊在托兒所不斷上演，因此我們必須把計畫擴及到托兒所；托兒所照顧人員同意幫忙，她們每天在十一點半到中午這段時間練習一次，有時候在下午練習第二次。我們告訴照顧人員，如果葛瑞絲想要練習而且有時間的話，可以做第二次練習，但是次數不要過多。

練習時間到的時候，照顧人員到葛瑞絲那兒說：「我們去洗手間。」她牽著葛瑞絲的手（牽手是尋求合作的預備事件的好辦法），然後走向洗手間，葛瑞絲在那兒進行的固定步驟和在家裡所練習的是一樣的。老師會稱讚她進去洗手間（遵照要求）和坐在馬桶上。

照顧人員在小卡片上做記號，註明葛瑞絲是否練習。每天下午葛瑞絲的媽媽去接她時，照顧人員會把卡片交給她。如果照顧人員說她在托兒所練習了，可以得兩點。我們希望同樣的行為在托兒所更具有價值，因為托兒所是尿褲子事件發生的地點。如果她在托兒所的洗手間上過廁所，可以得三點，而且在回家的路上，媽媽和葛瑞絲可以挑速食當作晚餐，或只給葛瑞絲享用。

實施計畫的第一週，在托兒所五天中有四天作了練習，訓練期間她開始漸漸使用廁所，到了第二週，她會自動去廁所，每當她這樣做，照顧人員就讚美她，媽媽接她回家時顯得驚喜萬分，給她讚美、點數和特別獎品。這段時期，葛瑞絲在托兒所常常自己去上廁所，如果她沒去，照顧人員會問：「有人想要上廁所嗎？」這樣就足以提醒她去。她媽媽和照顧人員會定期跟她說，**葛瑞絲長大了，變成大女孩**，但過不了多久，也不需要這樣做了。由於葛瑞絲在托兒所能夠安心地使用廁所，不再發生意外狀況，於是我們結束了計畫。

如果托兒所的照顧人員沒有那麼合作該怎麼辦呢？這種情況通常很少，因為他們會願意且幫助計畫成功，但有時候確實會碰到不太肯配合的例子。這種情況下，我們必須親自為之。以葛瑞絲為例，如果在托兒所沒有練習上廁所的計畫，但她媽媽去接葛瑞絲時，若照顧人員表示當天沒有發生意外，仍然可以給她點數和讚美。父母可以在早上或下午葛瑞絲從托兒所回家時讓她練習上廁所。如果允許的話，他們也可以暫時讓葛瑞絲上半天的托兒所，在中午到兩點這段危險時間，讓她在家裡練習上廁所，直到她自己更能控制上廁所為止。

學校

回到第四章最後，對於沒辦法自己好好做功課的孩子，我提供了讓老師參與孩子功課計畫的方案。在那裡我介紹了基本技巧，讓老師（或保育人員、教練、保母或相關的成人）填一張卡片讓孩子帶回去給你。卡片可以只列出必要的功課，也可以為孩子當天的行為評等，你可以在家給予點數和讚美。即使那天沒有做出值得稱許的事情只是帶卡片回家，也可以得到嘉獎。卡片是讓老師參與的基本模式。

老師通常很樂意配合我們的計畫，但是他們得注意很多孩子，再加上行政上和專業上的職責，你實在不能要求一堆私人事務，所以老師的部分應盡量減少負擔，所以卡片計畫是很棒的做法，它很有效率，老師只要花一會兒時間就好了。當你要求老師幫忙時，要記得她不是敵人，更不是你的夥計。老師會支持你，可是他很忙，所以是你「求」老師幫忙。多數父母對老師的姿態擺得高高的，聰明的父母會理智地運用這種情況，對於老師跟你談話、提供協助、讓孩子帶卡片回家或舉凡跟計畫相關的事情都加以讚美，老師也是凡人，而你正在要求老師做某事，所以老師也值得獎勵。不要吝於讚美，而且記得要具體，不管是用電子郵件或當面讚美。

教練

在我門診中見過一名九歲男孩，他叫作傑克森，大部分時間都大吼大叫。用正常口吻說了幾句話後，就會比正常音量高出好幾分貝。他的父母帶他去檢查語言和聽力，全部都正常。傑克森因為大叫而不斷惹麻煩，但是他的說話內容（以下說的絕無不實）——沒有問題。他並沒有尋釁、不愉快、生氣等類似這樣的事情，只是聲音太大了，而且不管在什麼地方都如此：在家裡，吃飯時、和十一歲的姊姊玩耍；在學校，休息時間以及和同學一起從事的課堂活動；在游泳課，放學後只有一天、加上週末的團體游泳；在車子裡，和父母、朋友外出時。

我們調整成相當標準的計畫。傑克森有張針對和姊姊玩耍或在餐桌吃飯時輕聲講話的點數表，分為三種情況——早餐、晚餐前遊戲時間、晚餐——每段期間根據他是否大吼（零點）、偶爾吼叫（一點）或都沒吼叫（三點）而定。我們也使用模擬練習，製造更多強化練習的機會。第一週在吃飯時間還不錯，但是和姊姊玩耍時常常得零點或一點，後來日漸進步，很快地在家裡吼叫的情況就完全消除了，但是在車子裡、學校或游泳池的進步情況就沒那麼理想。

接下來我們把目標放在游泳池，因為這是最迫切的情況：教練已經想叫他滾蛋了。我們打電話給教練，想知道他對於把計畫延伸到游泳池的意見。他希望傑克森能安靜點，但對於幫助完成目標卻不怎麼樂意。坦白說，他只想教導游泳，希望家長們把教得動的孩子送來就好，所以我們把計畫轉移到游泳上。游泳課時，傑克森的媽媽待在看台上，那裡坐著等待的父母和兄弟姊妹。牆上掛著大時鐘，正好可以用來區分時段，如果傑克森每隔十五分鐘沒有吼叫，可以得三點，如果常吼叫就沒有點數，一點點吼叫得一點。不願協助的教練不讓傑克森的媽媽靠近孩子用親密、具體的話讚美他，所以沒辦法用口頭讚美作立即的強化，只能以現有的條件進行。當他在時段內沒有吼叫或較少吼叫，媽媽會站起來，露出笑容，伸出手比出OK的手勢。

游泳池計畫每週進行兩次，在第一週的第二次，傑克森吼叫的次數就已經減少許多。我們把計畫延伸到車子裡，吼叫馬上就得到控制。這項計畫沒有延伸到學校進行，可是行為成果確實擴及到學校了，除了在遊戲時吼叫外，他已經停止大叫。（孩子本來就會大叫，我們並不想把他改造成不自然的安靜小孩。）其他情況的吼叫就沒那麼容易解決了，例如在校車上，不過還是出現變化。我們不知道為什麼傑克森要吼叫，但藉由基本的ABC法則，已經得到控制，我們發現將計畫延伸到幾種情況相當容易，而且改進後的行為也大致能表現在各種情況中。通常延伸到其他情況的改變比起最初的情況要快多了，將計畫延伸到一、兩個其他情況之後，不只被要求的行為在那裡很快產生，超出那些範圍也是如此。

但如果教練願意幫忙進行計畫，下面是讓他參與的辦法。

首先，如果在上課期間發現傑克森保持安靜或輕聲說話，我們請他一定要加以讚美，在練習游泳時只要低身靠向傑克森說：**「傑克森，你說話的態度溫和，很棒喔！」**然後豎起大拇指或比出OK的手勢。即使這表示傑克森短期內在仰泳方面得到的指導較少，卻能夠讓教練強化那項行為。

第二，如果教練願意使用小卡片，就很理想了。和前面的做法一樣，媽媽可以直接用卡片，因為卡片本身具有預備事件的功能，提示孩子和父母注重這項計畫，並且徹底執行。

渡假期間

家庭旅遊可能包括半個鐘頭到機場的車程、搭四個鐘頭的飛機，以及到旅館的長途車程，換言之，如果孩子失控的話，有很多機會讓你目露凶光、責備孩子，甚至在機場、飛機或計程車中就起衝突，如果你八歲大的孩子沒有稱他的心意就會撒野的話，你應該會擔心。倘若你看過教養書籍，可能會帶一堆玩具、書籍、DVD等，好吸引他的注意，以避免閒閒沒事做。分散注意力有其意義也可能有效果，可是沒辦法教導孩子表現出被要求的行為，對於幫助你渡過不常發生的情況，它的用處是有限的，而有些情況又是你不得不面對的，例如吃藥會讓孩子有點不舒服或緊張，長途車程對每個人都是種煎熬。在預期可能撒野的情況下，分散注意力不太可能產生作用。我們必須教導新的行為，但是分散注意力永遠也不可能做到。

還有一個相關問題，身為父母你一定很清楚，孩子累或肚子餓時通常會變得暴躁，成人也是。類似飢餓、疲勞的生理狀況及過度刺激，對每個人都是引起問題行為的內在構成要件。休息和食物就像分散注意力般，在阻止這類構成事件的發生或許有用，卻無法教導被要求的行為。

所以你準備好要出發了嗎？帶了玩具、書籍、DVD、幾瓶水和點心——除了這些同時也帶張渡假點數表吧。（由爸或媽把點數表放在夾紙板上，以便在驅車往返旅館時容易拿。）這種表就跟你在家裡使用的差不多，只除了兩個地方不同。第一，行為可能不一樣。讓點數表保持簡單，只選擇兩種行為，而且必須是在心情平靜的時候做選擇。例如，孩子乖乖和弟弟玩以及在爸媽說不可以時保持安靜。第二，獎品不同。選擇每天都可以得到的事情當獎品——某道食物、電視節目、租影片、就寢時間延後、為第二天選擇一項活動。你可以直接獎勵（**如果你乖乖和弟弟玩，而且在爸媽說不可以時保持安靜，就可以在游泳池多玩半小時**），或使用可以兌換獎品的點數在渡假期間固定兌換。給予點數也不錯，但是不能等到一個星期回家後才記在表格上，然後再兌換獎品，因為延後嘉獎會使得計畫效果打折扣。**記住，讚美對於計畫的成功扮演舉足輕重的角色，為了讓孩子表現你所期待的行為，讚美是沒有假期的。**

共同監護

我看過許多共同監護的情況；在兩個不同的家庭該怎麼執行計畫，這個問題並沒有答案。但可以思考三個影響這個決定的因子，來找出適合你情況的答案：你的孩子多常／多久待在別人家裡？這種行為可能發生在另一個家庭嗎？你和前夫或前妻（或他的新伴侶）之間的合作和溝通情況如何？其實還有其他方面需要考慮的因素，不過還是先從這幾個方案開始。

十歲的崔西（Traci）正在進行功課計畫，如果她自動做了半個鐘頭功課，可以得到點數，如果拿給媽媽看並告訴她做了什麼功課，還有紅利。（孩子來跟你談論功課是很好的事情，因為談論也是學習過程的一部分，對於加深印象、理解力和語言能力都有幫助。此外，和我們的方法較為相關的是，可以強化分享資訊的習慣，使孩子將你視為夥伴。）她有一張標準點數表，而且媽媽也總是大加讚美。媽媽是主要的監護人，可是崔西每星期有兩個晚上的時間待在爸爸的公寓，兩家距離不遠，大約一英里多一點，儘管如此，這種不盡理想的監護安排仍表示崔西的生活每星期都要被分裂成兩半。

我們所選擇的做法是建立類似我們和老師在學校所使用的方法：爸爸完成的卡片告訴媽媽，崔西是否準時做功課並且做了三十分鐘，讓媽媽在主要表格上放點數。可是爸爸堅持自己對女兒的計畫，所以在電話中我們研究出崔西在爸爸家的一項簡易功課執行計畫表，在爸爸家的時間是星期四和星期五；有人可能質疑，星期五晚上不適合做功課。我們決定那天不使用點數，請崔西的爸爸根據崔西在星期四做功課的表現，給予或取消一項權利。如果星期四崔西自動做半個鐘頭的功課，並且告訴爸爸她做了什麼，那麼星期五他們可以做下面其中一件事：讓她選擇一部電影、選擇一間餐廳吃飯，或請朋友來家裡幾小時（或者和崔西及她爸爸一塊兒看電影）。如果星期四沒功課，可以讓她看書或雜誌（她爸爸有《時代周刊》和《國家地理雜誌》），如果她看了四十分鐘之後告訴爸爸內容（這對於閱讀、一般教育、語言技巧非常好），就算達到了。

第二種情況：在門診中我們碰到類似的家庭，五歲男孩每隔一個週末會到爸爸那兒。爸媽的關係已到水火不容的地步，爸爸認為孩子之所以亂發脾氣是媽媽造成的，所以根本不需要進行計畫。這種情況很普遍，我們沒必要跟爸爸爭辯這件事，何況我們知道爭論對於改變行為於事無補。男孩每個月只有兩個週末到那兒，要讓爸爸切實執行計畫是不可能的，所以那幾個週末我們停止進行計畫。

或許很令人訝異，我們碰見過離婚夫妻其中一位或兩位全都再婚或有對象，但父親和母親都接受了治療輔導。他們希望對孩子的教養態度一致，在他們共同監護時能有完善計畫，而且只要對孩子有好處，他們真的很願意去做。我很訝異離婚夫妻在我們的輔導中似乎相處得很好，儘管和之前在離婚協議上的態度大不相同。如果雙方都願意，我們通常會讓計畫在孩子待得較久的主要家庭執行，另一個家庭的爸或媽則提供每天的卡片，然後讓孩子把卡片帶回主要家庭，轉變成點數，如同我們和老師合作的做法一樣。

當然，有些離婚夫妻在門診輔導時會互相挑剔對方的不是，通常爸爸對媽媽的評論會是像這樣，**如果妳把他管緊一點，他就不會對妹妹發脾氣或咬她了，一定是妳的緣故，因為我和他在一起就沒有這個問題**。在爸爸是主要監護人的情況，則通常相反：非監護人的媽媽說她和孩子在一起時沒有這個問題，指控是有監護權的爸爸寵壞了他。這是有道理的。較常負責照顧孩子的父親或母親，較可能對孩子提出要求或擔負處理日常最棘手的行為問題的責任——功課、家事等之類的事情。我們不想捲入這樣的家庭紛爭，但是在此想提醒父母親，我們的目的是什麼，如果他們的關係還是如此惡劣，我們只得立刻停止輔導，在百分之九十九的案例中必須這樣處理。如果你想把我們的計畫擴及到兩個家庭，對於想幫助孩子的這個願望雙方就得做出協議（和前夫或前妻共同分擔，不管現在現在你們的意見有多麼分歧），而且確實評估合作的空間。

10 教養壓力與家庭混亂

我之前就說明過，使用我的方法改變孩子行為的理想與現實，現在你對於在理想情況下執行計畫應該有概念了，特別是計畫初期得付出心力做好每件事：確定有許多讓你所期待的行為產生的機會，注意及強化行為，提醒與讚美的言詞要具體，態度充滿熱情，隨時保持冷靜等。但沒有人是完美的，而且忙碌、複雜、緊張的生活往往無法允許父母擁有理想情況或完美地執行計畫。父母通常有工作及其他責任，因而影響執行計畫的能力；他們會生病、會生氣、會離婚，大部分時間得待在別的地方，不過你應該知道，即使你生活中的壓力不只一個，如果至少在某段時間切實執行計畫，就會有所進步。

有個基本重點要把握：當你要執行改變孩子行為的計畫，生活通常會受到影響，所以現在我們來談談父母承受到的教養壓力、壓力的影響，以及可能的因應之道。

教養壓力

你的身體與心靈會受到週遭環境的影響，在壓力下，腦部的神經傳導物質及荷爾蒙會引發各種反應，包括心跳加快與血壓上升、肌肉緊繃，以及其他準備處於警覺狀態的反應和行動。這些反應通常很快，然後會復原。壓力並非全然是負面的，因為在生活中大部分興奮和刺激的事件也會引發類似反應，然而如果太多快速反應或有長期壓力來源，處於警戒狀態過於頻繁與長久，將導致身心問題——從更多感冒到嚴重疾病，從焦慮到自殺。

製造這些身體和心理反應的壓力，從重要但不常發生的事件，例如離婚或失業，一直到身體失能、精神病狀況等與你形影不離的長期壓力，其中還會穿插定期重複發生的事件，例如憂鬱症發作或某段時間工作非常繁重。壓力有正面也有負面，許多事情往往摻雜著複雜的情緒，例如結婚生子，常會同時帶來極大的喜悅與新的憂慮。

日常生活固定會經歷的苦差事，例如處理孩子在學校的問題、照顧孩子的瑣事、安排接送等，也是父母壓力的來源。這些有壓力的小事件累積在一起，即使不至於對身心系統造成很大的影響，但對身心健康總是個折磨。壓力有各種型態，從一生一次的人生大事到為生活的小事爭吵都是生活的一部分，也會影響到孩子的教養。父母的教養壓力與煩惱，主要是受自己的期待、信仰、身為父母的責任感及孩子對這些的反應所影響。

還有件重要的事情是我們必須了解的，那就是壓力源——對每個人來說只是部分相等，個人如何面對該壓力事件的觀念與態度（正面、中立或負面），以及該事情作為壓力源的程度不盡相同。想想看，搭乘雲霄飛車這件事對某人可能感到興奮，對另一個人卻可能是困難、可怕的經驗，另一個則覺得無聊。壓力的存在不只呈現你的生活有哪些壓力源，同時也可知道你如何處理壓力。

孩子令人討厭的行為對父母會造成不同程度的壓力。例如你知道孩子的行為是任性、愛操控別人，還是正常的兒童發展？如果是前者（任性和愛操控別人），孩子非常可能冒著挨打的危險。我就見過一對父母因為孩子哭得太兇就動手打小孩。事實上，嬰幼兒哭泣可能是肚子餓、需要換尿布或長牙的關係。但對父母來說，小孩啼哭（特別是自己的孩子）是很普遍的壓力來源，不過不同的人在不同的情況下面對壓力源，就會產生不同的反應。

近來，愈來愈多的夫妻在投入職場一段時間後才生孩子，在孩子出生及剛出生的幾年生活變得比平常更緊張，因為父母必須取得家庭生活與事業之間的協調。孩子必須適應規律的生活，但是幾年下來，情況很少是如此，對雙薪家庭而言，日常生活的挑戰與撫養孩子的責任——料理食物、往返接送、日間托育——特別的複雜且有壓力，如果你還有其他事項要加入這場混仗——還需要照顧自己的父母、保母辭職——生活步調就會非常緊繃，不僅製造新的壓力源，即使是最普通的吵嘴也會增加壓力。

不管你們是雙薪、單薪或無薪家庭，新變化與需求的壓力和喜悅會隨著孩子成長而產生。父母擔心健康、安全、學業、保母，以及自己的教養技巧，而且還擔心下一刻會發生什麼事，半夜因為⑴孩子咳嗽，⑵要怎麼付孩子的大學學費而非常沮喪，我並非危言聳聽，這是很平常的事。有些父母的特別的焦慮和第一胎有關，從某些太太常打電話給婦產科醫生，以及指名要將聯邦調查局水準的安全螢幕用在第一個保母身上，就可以證明。在網路時代，你甚至可以在上班時間從辦公室就可以檢查孩子的狀況，但這樣的作法對於大部分都得離開孩子的壓力源來說，也可能增加更多壓力：**為什麼保母讓他趴著睡？保母跑哪兒去了？孩子睡午覺了嗎？你怎麼拿這種東西？啊，不好，老闆來了。**

成為父母就得背負壓力，約百分之十的新手媽媽和百分之四的新手爸爸自孩子出生後有嚴重的憂鬱傾向，而且在孩子出生後夫妻衝突也更多，每個小細節都可能引發這些反應。如果在孩子出生前有憂鬱或夫妻失和的早期跡象，孩子出生後這些反應可能更明顯。孩子的降臨會提升家庭壓力，顯露或加深之前存在的嫌隙和緊張。

生產時出現健康和心理上的狀況，特別是有併發症（早產、出生時體重較輕、身心異常、殘疾、慢性健康問題），也會增加父母的壓力，進而影響到親子之間的互動，例如，教養壓力的增加會使得父母較少回應孩子的需求導致嬰兒較煩躁不安。

父母對於孩子不同的問題也會有不同的反應，外在行為問題往往對父母產生巨大壓力，例如敵對行為、攻擊性或過動等會破壞環境干擾到他人。相反地，焦慮、沮喪、退縮等個人內在心理問題往往較少被父母和老師注意到，也比較不可能引起教養壓力。外在行為問題和內在心理問題從輕微到嚴重都有，但外在行為問題較容易引起注意。

教養壓力對於父母和孩子行為的影響

研究顯示，對於教養承受較多壓力的父母會：

- **和孩子的互動較顯得嚴厲和專制**
- **言詞內容較具敵意和攻擊性**
- **較依賴體罰**
- **對孩子較容易有意見**
- **親子感情較淡薄**

若以A（前事）、B（行為）、C（結果）法則來看上述所列的情況，壓力將會影響父母的教養效率。

思考一下受壓力和沒受壓力的父母要求孩子穿上外套的差異。有壓力的父母說話的口氣嚴厲，眉頭深鎖，張開手臂指著衣櫥：**「穿上外套，我們要出去了。」**父母的態度呈現的預備事件可能增加不順從（孩子就是不肯做出你告訴他的事情）及反抗的行為（拒絕、發牢騷或發脾氣）。沒有壓力或較少壓力的父母在陳述同樣的話時，口氣較具同理心，也較少顯出對峙的肢體語言，這樣前事更具效率，孩子也更順從。請記住，提出要求之前先說請字，具有事半功倍之效。

壓力也會影響父母對孩子行為的反應，一點點的不當行為就很容易引起有壓力父母的注意，而且這樣的父母面對承受壓力的期間反應也會不同，孩子日常的行為也較可能招致有壓力父母的負面批評，像是不小心打翻食物或飲料、下車或準備出門時間拖太久、慢吞吞地刷牙等。較嚴重的行為像毆打兄弟姊妹、弄髒桌布或撕裂衣物可能引發壓力較大的父母嚴重的反應。

壓力較大的父母較少讚美、較容易處罰、反應也較消極，然而父母壓力愈大，孩子行為愈是乖張，愈少表現出好行為，亦即，他們較注意不當行為而非好的行為。有壓力的父母也較容易處罰孩子、較嚴厲。今天或許你過得不太順利，孩子令你感到神經緊繃，只要他稍微出了點差錯，你便舉起手準備打他，但是這種過錯在你心情好的時候很少會去注意。結果和前事、行為的情況一樣，父母這種反效果的反應只會使得孩子的行為更加乖張，進而造成父母更大的壓力。

有壓力的父母無法徹底執行我們的計畫，通常意味著正在做許多和培養孩子良好行為反效果的事情。相反地，沒有壓力的父母較不會跌跌撞撞，和其他人一樣去做沒有效率的計畫，可能撫養出沒什麼問題的小孩，不會做出重大傷害，也沒有必要採取刻意、有計畫的步驟，培養出他們希望小孩表現出來的行為；即使他們的教養習慣使得家庭生活更加艱困，也比較不會犯下傷害孩子的錯誤。

壓力對依附關係的影響

依附關係建立在孩子生下來那幾年親子之間的連結。從父母的角度來看，良好而深厚的「安全依附關係」（心理學使用的詞）包括能察覺孩子的需要、回應他們，並且提供關懷、溫暖、有鎮定作用的關係。父母能提供像食物和舒適的需求，將有助於兒童發展。有安全依附關係的孩子較能夠應付生活焦慮（例如幼年和父母分開），在人生階段中，對於社會、情感與行為方面的調適，一般表現較佳。

教養壓力會破壞依附關係的發展，較嚴厲、專制、具敵意、攻擊性強、衝動、感情較淡薄的父母可能依賴更多體罰，因此要和孩子建立穩固的關係也較困難。當然，父母以前和自己爸媽的依附關係，以及孩子個人的特質也有影響，易養型的嬰兒面對作息改變較能夠適應（例如交給別人照顧），讓父母輕鬆許多；但是難養型的孩子會增加父母的壓力，可能進一步分裂親子關係。

父母親的憂鬱傾向也和壓力有關，而且對撫養孩子也有重大影響。憂鬱的父母親較可能反應過度、產生敵意、過度操控，也較退縮，所有這些會阻礙親子依附關係，也普遍影響孩子的適應力。簡而言之，教養壓力、父母憂鬱傾向，以及孩子日後的行為問題都會糾纏在一起。

如何處理教養壓力

在門診其中一個目標就是去妥善處理及減輕父母壓力。生活中有許多方面的壓力你都可以處理，就如同投資一樣，所以應該做出這樣的一覽表。

▼**社會支持**。抽出時間和朋友、親戚在一起，可以減輕壓力。當然，某些親戚朋友也有他們自己的壓力，但是擁有一些時間可以遠離和孩子相關的特別壓力是很重要的。

▼**擁有自己的時間**。事先安排時間，即使是暫離家庭生活，自己一個人或是找朋友聚聚，也

會使你的生活改觀。

▼**撥出時間和另一半相處**。如果可能，最好預先規劃，例如每個星期六早點讓孩子吃晚餐，然後安排他們看影片，告訴孩子不要打擾你和另一半享用晚餐。

▼**有品質的時間**。和孩子悠閒地外出郊遊或從事家庭活動。

▼**行程不要排滿**。生活中的計畫也許真的太多了，我們忙碌緊湊的家庭文化會使你吃不消，如果能減少每週行程活動的數量，你會發現壓力減輕了。

▼**更多固定的家庭時間**。每星期一次的家庭聚餐是很受歡迎的，特別的星期五晚餐或星期天早餐是很不錯的安排。

▼**參與一些使你融入社區的團體活動**。

▼**求助心理醫生**。如果憂鬱或壓力太過嚴重，導致身為父母的功能產生嚴重缺失，或靠自己的努力還是無法解決問題，可以考慮尋求專家協助，本章最後我將詳細說明這部分。

壓力研究與家庭案例

研究顯示，我的方法用在高壓家庭也有效果。然而，那些高壓家庭遭遇的障礙比其他接受治療的家庭還多，因此他們取消治療的機率較高，所以往往在我們治療完成前就中斷，這是可以理解的。因為，他們每星期必須過來一次，但在下午經過幾個鐘頭的激烈爭論，卻只是傳導了另一種頭痛，治療過後也耽誤了晚餐時間……。車子要修理、孩子生病了，或許還有單親媽媽或爸爸額外的瘋狂行程，因此他們會略過治療，而且更常在中途退出。

教養壓力會影響一個家庭執行計畫的能力，或甚至是否嘗試進行計畫，而且已經明顯影響到撫養孩子的態度，因此同事和我決定在門診治療中增加教養壓力這方面。我們對更關注孩子的家長穿插個別輔導（雙親家庭）或單親家庭中的爸爸、媽媽或監護人，透過這些輔導找出壓力源（例如沒有自己的時間或沒時間陪另一半）並且給兩人具體任務（例如和鄰居一起喝杯咖啡、每個星期一個晚上和友人外出）。接受壓力調解的父母親，在改進孩子的行為及減輕自己的沮喪和壓力方面，都有明顯的進步。

我的方法大部分都有效果，因為父母按部就班且適當地運用ABC法則；如同我們在許多研究記載的，這樣的方法還能減輕教養壓力。正確進行計畫，可以感覺彼此受到的教養壓力較少。我們常常發現，當父母有系統運用方法，其壓力程度在改變孩子行為計畫的早期就減輕了，而且新技巧（例如怎麼給予具體提醒和讚美）減輕了他們束手無策的壓力，且不會去用會讓問題更糟糕的方式，像處罰。由於壓力降低，父母也更能妥善地施行計畫——較少用命令、嚴厲的口氣等。隨著孩子的行為改進，一些主要壓力源自然從父母的生活中消失。

有些父母的壓力非常大，因此在治療前先就需要先加以觀察。有時候尋求我們協助的家庭，其中一位爸或媽顯然有很大壓力和沮喪，所以我們優先治療這位爸爸或媽媽，有些甚至得住院治療，以免有自殺行為。**有時候壓力源來自於平常的生活，在我們開始有效治療前，必須先找出原**

因。有個極端的例子是，一位媽媽前來求診，想要治療她七歲的兒子；他兒子破壞性很強，拒絕上學，和兄弟姊妹吵個不停。她說生活中的每件事情都失控了，她和四個孩子已經被房東趕出公寓，現在全住在她的一輛大車裡，她補充說這樣輕鬆多了。這樣的生活條件下，她承受極大的壓力，於是我們先幫她把房子和家裡吃的食物安排好，才開始治療。我們從基礎生活狀況開始著手，等這些問題解決了，便研究他兒子的行為問題。

還有一個更典型的例子是，三十五歲的母親瑪雅（單親媽媽，擔任助理律師）為了治療她十一歲的兒子達利（Darry）前來求診。家中只有他們兩人，瑪雅在壓力很大的律師事務所上班，加班是家常便飯，她為達利安排的課後照顧方案有點複雜。有幾天達利必須被送去課後輔導班，其他幾天則被送回家。這樣的安排得和瑪雅僱來接送、照顧的人配合。瑪雅回到家時保母就離開，接著瑪雅煮晚餐、協助達利做功課、讓他上床睡覺、處理信件、打掃以及其他家事、喝杯酒、上床睡覺，然後開始第二天的生活。即使是順利的一天，這樣的生活也壓力重重。瑪雅因為大部分的日子過得不太愉快而求助我們。達利在學校惹麻煩，被罰拘留在家三天，瑪雅得急著安排保母照顧他；但達利回學校後因為打架又被送回家。瑪雅現在在上班時間會定期接到校方的電話，她來求診時顯得心神錯亂，和許多父母一樣詢問較有效率的處罰技巧。

我們開始進行固定流程，先訂定計畫來處理達利的攻擊和對抗行為，此外，還得針對瑪雅的壓力進行輔導。我們找出壓力源，絞盡腦汁想出可能的解決之道。剛開始的輔導著重在協助支援照顧孩子上，包括和別人輪流接送孩子，如此達利每星期有兩個下午可以去朋友家，這樣的調整可以減輕瑪雅的工作，為自己擠出多一點時間。我們也討論到讓老闆知道瑪雅沒辦法加班的重要性，此外，我們要求她選擇一些可以減輕壓力的活動，並建議她和別人一起吃午餐。從這幾次輔導中所做的小小調整，有助於改善她的情況，她很喜歡而且覺得輕鬆許多。達利的計畫進行得也很不錯，家裡的壓力減輕了，媽媽和兒子之間的關係也改善了。

家庭的混亂狀況

導致家庭混亂的主因是孩子行為不當，而這受到其他因素的影響，像教養壓力，對於孩子行為也會造成特別的影響。降低家庭混亂的程度和壓力，雖然無法解決孩子行為問題，但卻能更有效執行可以改變他們行為的計畫，同時在建立親子關係和孩子的安全感和自信心方面，可以奠定較紮實的基礎。

我們怎麼知道這些呢？科學家研究過家庭混亂，並將其定義為這樣的情況：**噪音和活動很多，固定活動和作息很少**，當然這是程度上的問題。有孩子的家庭偶爾會覺得混亂，在我們把家庭混亂當成一種情況時，是指家庭活動稍多，對家中每個人去哪裡及做什麼事的了解卻有點少；對於食物、交通及其他事情的決定像無頭蒼蠅般；即使對於最基本的活動也有點掌握不住。

混亂狀況和其他造成家庭生活及孩子行為不好的因素也有關係，例如，住在太擁擠的房子更容易產生混亂，這樣的家庭通常經濟情況不好、壓力較大、工作不穩定、健康照護較差、寄宿在親戚家等等，但是造成混亂的因素不只這些，除了上述範圍外，也橫跨了社會階層。不擁擠、經濟穩定的中、上階層也會出現這種狀況。我相信你一定在電話中聽到對方家裡傳來亂七八糟的聲音。我曾打電話到有混亂狀況的家庭，這樣的經歷令人震驚而且難過。在父母回答問題時，背景傳來渾厚、響亮的吵雜聲，有鬼吼鬼叫、電動遊戲、一個小孩對我所提到的那位家長惱火地提出要求、嬰兒啼哭聲，還有青少年的叫喊聲。家裡每個人都處於緊繃狀態，連我寫出這件事情，自己都感到煩躁。嚴重的家庭混亂絕對通得過我們的「陌生人試驗」——即使是不認識住在那個家庭的人也能看得出、聽得見、感受得到。

父母親的壓力、沮喪、貧困與混亂息息相關。研究顯示，**家庭混亂和敵對、棘手的兒童行為有關，混亂情況愈嚴重，孩子愈容易產生問題**，所以這層關係非同小可。

問題兒童使得家裡更混亂，那是問題癥結嗎？有一半是的。混亂狀況源自問題兒童的行為，而問題行為源自混亂，但是家庭中的混亂是雙向關係的主要來源，當你把混亂和教養壓力放在一起，在教養孩子的過程中導致對立行為的機率提高，這樣的結果大為不妙。

減輕混亂和教養壓力可能降低敵對行為的程度，因為混亂和壓力是造成父母（過度反應和言詞批評）和孩子（敵對行為更嚴重）嚴重衝突的預備事件。改善孩子的行為將減少混亂和壓力，這點在我的研究中論證過。如果有需要培養或戒除的行為，我們仍然優先考慮強化練習和進行我們的計畫，不過藉由其他方法也有助於減輕家庭混亂和壓力，儘管這些辦法不能解決問題本身。只要稍微降低混亂和壓力程度就能避免觸怒親子雙方，且更有效地改進行為——例如使用ＡＢＣ

法則效果更好，或模擬練習。

所以除了努力改進孩子的行為，也應該改變家庭氣氛，即使只有稍微改變，對於計畫結果也會產生很大的不同。

建立家庭秩序

科學研究顯示，你已經做到的事情如果能再稍加改進，對於減輕家庭混亂和相關壓力會有長遠的影響。科學研究結果建議培養更多固定作息：**讓家中每個人的活動規律、反覆、可預期、可信賴，這樣通常可以凝聚家人的向心力。**

這些大部分是日常活動，但只要有規律，在任何時期都會重複發生。例如每天和每星期的活動可能包括一起吃東西（特別的食物包括星期天的晚餐、星期六薄煎餅早餐、星期四海鮮大餐等）、看電視、一起做某件事（遊戲、上教堂等）、每星期外出吃披薩，或放學後一起吃餅乾，並聊十五分鐘有關學校和朋友的事情，還有一些假日、生日節慶的特定活動。這些活動不一定要變花樣，如果有好幾種基本作息，然後偶爾又變換一、兩次是沒有關係的。一般而言，作息愈是固定，愈少產生混亂的狀況。

研究強調，應該制定一些可供選擇的作息，而非僵硬規定各種生活細節。我們強調用家庭活動來對抗家庭混亂，但是固定作息對孩子很好，訂立就寢時間、標準的上床步驟、一些熟悉的週六早上或週日晚上的活動、蹓狗、洗碗盤等固定家事、陪伴父母做些固定差事……這些對於減輕混亂都有作用。試著建立綜合型態的日常工作：一些針對家庭、一些針對家庭內的小團體（視這個家庭有多大）、一些針對個人。

日常工作帶給家庭正面因子，例如，讓每個人各司其職，吃飯時間就是個典型的例子：誰擺餐具、誰坐那裡、誰整理餐桌等等。吃飯時，家人在舉止、討論價值觀等方面都具有溝通與討論的功能。另一個例子是每週到公立圖書館，不只可以養成上圖書館的習慣，還可以教導他珍惜書籍、閱讀、公共場所以及和爸媽的相處時間。

多少命令算太多？

你可能懷疑，**規矩會不會訂太多了？這樣不也會變成問題嗎？近來不是已經有太多家庭行程過度安排了嗎？**是的，沒錯，不過要記住，我所說的是針對家中幾乎無法扮演好自己角色的個人（父母和孩子），因為生活實在太缺乏秩序、無法預期且沒有方向感了。因嚴重家庭混亂而缺少安全感的孩子，如果父母親增加規律的生活作息，安排每天下午蹓狗、星期三放學後和爸爸一起吃點心、上學日在晚餐前撥出一小時做功課、每兩個星期六和媽媽去探訪外婆，這樣並不會讓孩子變得有點像機器人。

然而，若某人把通常具有建設性的作息原則規定得太過分了，造成不健康的組織化就不同了。我曾輔導過一個家庭，爸爸是一家公司的主管，媽媽是兼職律師，兩人對兩個小孩（九歲兒子和十歲女兒）的生活幾乎每小時都規劃好了，平常上學，放學後有固定作息、功課時間，但這個家庭給我們的第一條線索是太過注重規矩了，每個小孩似乎像按表操課般——不是點數表，只是張檢查表——監視他的房間清潔、功課、把要洗的衣服放進桶子裡、練習（兒子彈奏樂器、女兒跳芭蕾舞）等。週末孩子可以看一小時電視、一些功課時間、一項活動，每件事情都經過安排。

實際上把孩子所有時間規劃好，父母對於孩子的期望也非常高。他們督促孩子在功課、音樂和舞蹈方面全力以赴。過度的規劃加上對成就的高度期待，在次序上產生一種類似歇斯底里的情況，造成像家庭混亂一樣的壓力。每件事情都有明確的區隔時間、間隔和截止時間，每刻都不能放輕鬆，好像太空梭發射般，不僅次序繁多而且非常緊張。如果程序上稍微出了點差錯，整個任務（在這個例子是家庭）就可能得中斷。你一定不希望每天都緊張度日。為了讓作息運行順暢，父母應該時常加以提醒、要求，以及嘉獎或懲罰——小孩子隨時都需要這些，尤其男孩特別容易發脾氣、過動，尖叫的次數之多更是驚人。在第九章你已經見過這等角色，那就是傑克森。這男孩在家裡、游泳池，隨時隨地幾乎對姊姊、每個人吼叫。

除了用逆向的正面思考來解決傑克森的問題行為，我們也為父母和孩子擬定計畫，基本目標是讓父母親冷凝（另一個極端科技的心理學名詞），最後我們製造新類型的「下班時間」，全職媽媽不但喜歡這個詞彙而且完全了解。例如，星期四下午或星期六早上沒有活動，在兩個鐘頭的空檔時間，父母親不提醒、不提出要求，對於孩子的表現也不表示意見（問題或讚美）。

生活組織化的平緩可以讓家庭氣氛變得更好，這裡要強調的不只是平衡與適中，U字型關係的原則也很重要。大部分時間，我們把因果視為直線關係，因為通常確實如此。如果你做了甲而發生乙，如果你做了很多甲而發生很多乙，那麼更多甲等於更多乙。也可以這樣說：踩油門讓車子跑得快，或喝更多酒就會醉，或高膽固醇和罹患心臟病的危險之間的相互關係，可是有些關係呈現U字型，其中之一就是膽固醇與中風的風險。有高膽固醇或低膽固醇的人罹患中風的危險更高，中等程度罹患的風險較低，固定作息也是一樣的道理。混亂（固定作息不夠多）和組織化（太多固定作息）對於家庭會產生類似的負面壓力影響。組織化很少會造成負面的影響，多數家庭可以多進行幾項固定作息，但是我們在門診中也曾見過幾個反例，它的殺傷力如同混亂。在你對家人訂立更多固定作息時，有個可以免於過度組織化的方法是，確定你規劃一些全家人的時間，不只是一套孩子必須做的事情而已，而且要確定每天和每個星期都有沉澱的時間。

培養固定作息

有些新研究顯示，更多固定作息（合理範圍內）、減少家庭混亂和下面這些正向改變有關：

- 在學校表現較好——學業問題更少，在閱讀方面表現進步。
- 在學校的破壞行為較少。

・父母更注意孩子的言行，讓他們從事更有建設性的活動，孩子因而減少出現在危險場所。
・家庭生活穩定許多。

我期待固定作息和減少混亂也可以讓孩子更有安全感，更能處理自己的壓力。我並沒有做或發現這方面研究結果，因此也只能說是期待。據我所知，還有其他關於固定作息的可能益處還沒做過研究（家庭混亂是相當新的研究領域），所以在我做超出研究範圍的推測時，我預期幾項未來的研究將告訴我們的事。家人較清楚知道正在做什麼及接下來要做什麼，較可能減輕對家中每個人的壓力和緊張。父母和孩子應該把更多精力花在正向、有規劃的互動上：更常交談、更常解決問題、傳達價值觀。最後，固定作息其實是投資未來，因為固定作息有助於緩和棘手時刻遭遇的困難。已經培養好固定作息的家庭，他們的孩子較可能親近父母，在危機發生時或危機產生前尋求出路。接受太多處罰的孩子會逃避和疏遠父母，而他們正好相反。

尋求專業協助

不管壓力來自哪裡，對父母和家庭都是種煎熬；這些壓力範圍包括：教養、親子關係緊張、混亂的家庭、艱難的生活狀況擴充到家庭以外，或包括以上各項。本書主要致力於兒童行為（當然也要解決父母的行為），但是強調的範圍不應該超出解決父母的平和生活以外。

心理治療不只是心理疾病，也適合處理壓力、生活危機等，這是尋求協助的選擇方式，但是在此我想更詳細討論，如同我已經說明過的，最好能把整個減輕壓力的方法列成明細表。

如果你覺得坐立難安、沮喪、對小孩或教養方式感到有壓力，可以尋求專業協助。如何判斷你需要這種協助呢？有時候可以明顯看出你陷入困境——沒辦法下床去上班，或常常哭泣——但通常這種情況並沒有那麼清楚。如果把壓力當成下雨會有幫助；天上飄下來的不只是濛濛細雨，偶爾也會有磅礴的陣雨，你得準備雨衣和雨傘，如果淋濕了，回到家時可以用毛巾擦乾，或站在電熱器、壁爐前面一會兒，會覺得乾爽、舒適些。雨傘、雨衣、電熱器、壁爐代表你恢復正常的例行程序：一覺好眠、和配偶聊天、蹓狗，通常這些事足以使你脫離那種氣氛，重新振作起來。可是當你覺得壓力重重，即使是毛毛細雨也會令你覺得像身在雨季中，不管怎麼做，身上似乎還是濕答答的。你感到難過、顫抖，好像永遠也不會有雨過天青的機會，換言之，恢復正常的例行程序已經失靈，你可能試過別種程序，卻使問題更糟糕，例如你飲酒過量，或至少你的配偶是這麼說的，你嘴巴卻不承認；或者你在工作時怨東怨西，常常和別人發生衝突。在你面對壓力時是否某些事情產生變化了？如果答案是肯定的，那或許是個警訊。然後問問自己，在你試過恢復正常的例行程序，結果是否使你舒服許多，如果答案是否定的，你可能需要協助。

教養孩子是種挑戰，可以把父母親折磨得消瘦，不合理的工作日程與可怕的交通往返，加上孩子上學前、期間和放學後過度規劃使生活喘不過氣來，會讓你瘦得更快。此外，現在的父母不像以前那樣可以得到家庭的支援——和能夠幫助照顧孩子的祖父母或不必去上班的配偶住在一起，所有這些情況使得生活更加緊張，撫養孩子也更加艱困。父母親心裡產生一些愧疚，以及工作上偶爾出現的危機或完成時間，在在使我們以各種形式出現問題——從感冒、焦慮或多喝一點酒多抽一點菸，乃至產生嚴重的病態行為。這種問題也會出現在親子互動方面上。

為了自己的心理健康，也為了發育中的孩子的社交、情緒和行為著想，尋求專業協助不僅是可以接受的，也是很有益處及很好的建議。專業協助著重在處理壓力、焦慮或沮喪（這三項最需要協助），有效率和簡短的心理治療（及藥物）效果非常好；心理治療對於幫助短暫的壓力特別有用處。額外的支持對於生活中許多情況益處非常大；會帶給家庭極大刺激的，例如家人被診斷結果是嚴重疾病，或得處理令人緊繃的狀況，像照顧年邁的父母。

或許你認為心理治療（使你重新振作，以處理教養壓力和更有效進行我的方法的暫時治療）的建議似乎只是像OK繃或楞杖。不要說「只是」，有時候OK繃或楞杖正是可以令你感到舒服的東西。如果你的手割傷或腳踝扭到了，沒有OK繃或楞杖會使你更難做事；這兩樣東西不管是在健康問題或復原方面，對於幫助人類都是偉大的發明。

同樣的道理，如果你被教養壓力壓得喘不過氣來，心理治療可以幫助你重新恢復平靜。

11 為孩子尋求援助

本書所提供的改變兒童行為的方法適用於一般普遍的行為，從平常到極端的行為皆可，這是我們從科學試驗而得知事實。但是任何方法（即使是靈活且可廣泛應用的）都會有些限制。外面的世界很廣大，而我們人類，即使是小孩，也非常複雜。最後面這一章很值得去思考，萬一當你按照計畫進行卻沒有得到預期結果時，該怎麼辦？我的方法和其他策略之間（例如以藥物解決行為問題和改變飲食）有什麼關係？什麼時候該為小孩尋求專業協助？

何時及為什麼計畫不能改變行為

也許你第一次正確按照計畫去做，或發現計畫有錯誤而適當地排解問題，但仍然不見效果。這種事情發生的機率非常小，但可能性還是存在。

我門診的成功率高達八成，且大部分是治療最棘手的情況：牽涉到敵對、攻擊性、反社會及暴力行為等極端的兒童問題。我所謂的「成功」，表示有嚴重行為問題的孩子、及有高壓和家庭混亂的家庭，在家庭和學校都出現很大的改變。大部分這些家庭的問題被視為是最棘手的情況，包括打架、亂發脾氣、破壞物品等，他們來找門診的原因是孩子被學校退學，或孩子因行為不當而偶爾被送進警察局或急診室。有個孩子非常氣媽媽，來看診的路上把車頂的襯墊都給撕了，當他在氣頭上，會找出媽媽的經典老歌錄音帶然後破壞掉。另一個對媽媽很生氣的女孩，等媽媽睡著時會跳到她的前胸，導致媽媽三根肋骨斷掉。和這些我們所處理的嚴重行為問題相比，你所面臨的問題可能不是很大的挑戰。

經過大量研究，我可以自信地說，我的方法在大部分時間、對大部分家庭是有效果的，在你考慮採取代價更高或侵入性的介入（可能產生副作用、請教專家、或花很多錢）之前，它一開始就能提供你最好的調解辦法。

可是我們也必須認清，沒有一項治療在任何時刻對任何人都能發揮作用。不過至少我可以說：我們知道這種辦法對於改變行為通常有用，如果剛開始沒有效果，我們通常會針對問題有效解決，也就是對於成功治療的方法更嚴格地掌控。正確進行計畫通常能導致好的結果，零散或沒有徹底實行，則往往無法達到持續效果。如果計畫沒有成功，並不表示錯誤都在你身上，當你改變孩子的環境時，或許就可以獲得相當大的效果。

研究顯示，父母和老師往往太快就斷定計畫用在特定孩子上效果不佳，然而針對問題癥結制定策略，通常都能將無效或較不理想的計畫轉變為成功。因此首先要確實訂定解決問題的計畫，不要只因為計畫沒有產生明顯作用，就太早停掉。譬如說，孩子的某項行為偶爾不受環境所影響時，也就是說，不管你的提醒以及是否常常嘉獎好行為，孩子仍然偶爾亂發脾氣或出現問題行為。我們往往無法從行為上看出，它是否屬於較不受環境影響的少數案例。

舉一個極端的例子，我見過亂發脾氣的孩子當中，有少數的遺傳疾病，而且在器官系統、面貌及成長型態上也呈現主要的身體異常，這種失調包括表現在行為上的心理特徵，例如失控地爆發脾氣，若用我們改變行為的一般技巧，通常能稍微改善這些問題，但偶爾也有不靈光的時候。這種行為深受遺傳疾病所左右，似乎不被ABC法則影響，這種情況，即使治療，也無法保證一定能改變現況。

再看看兒童的撞頭行為，這種行為一度被誤以為是要受到別人注意而持續。父母、老師和其他人被認為，在孩子傷害自己時加以注意，將助長他們的撞頭症。（如果你不曉得撞頭症是怎麼回事，把你的右手握成拳頭狀，敲你右邊的頭，讓手的底部——不是你敲桌子時會用到的小指那一邊——輕輕打你的右耳前面，就在髮際上。打幾次之後，再加上左手。想像孩子常常做這樣的事。）因此可以合理的預期，憂心的成人不會說：**「你還好嗎？」**或**「請不要打自己的頭。」**反而對這種行為視若無睹，刻意不去注意，但原來的預期並沒有產生，孩子演變成更刺激的撞頭行為。其實在這個例子中，別人的注意與否並沒有很大關係，它給我們的啟示是，強化物沒有被預料到，也不容易被控制，我們期望消滅或抑制該項行為的結果並沒有做到，我們所認為的強化物結果證明並不是。結果對於成功非常的重要，由於無法控制結果，計畫便可能會失敗。

我之所以提這些例子，是因為它們可以傳達出，我們的做法並非對所有的問題行為都能治療，儘管通常這種方法有助於改變日常甚至極端行為，但並非絕對的。

因此，如果你正確進行計畫卻沒有作用，也請不要斷定孩子有嚴重疾病。在可能受疾病影響的案例，或許很少見但並不特別嚴重，我們還是可以找出解決的辦法。

在某些情況，並非所有一般的結果都發揮強化好行為的作用，例如，有很小部分的孩子對於作為有效強化物的讚美不產生反應，這種情況下，我們通常會把讚美轉化為給予紀念品、食物或其他具有作為強化物功能的東西；此外，在治療輔導的過程中，我常常見到孩子對讚美變得有反應，特別是常常給予讚美以及加上溫暖的身體接觸時。

相同地，在某些情況下典型的處罰不能當作負面結果。我記得有個女孩把「隔離」當成一種特惠，而不是處罰。她的計畫完全無效，主要原因是她把受到的處罰認為是獎勵。當我們把「隔離」改成獎勵，她的計畫也就變得更有效率，進步情況也更好。

在此我覺得有必要把獎品和強化物做個區別，到目前為止，我多少會把兩個詞交替使用，但是在討論它們的區別時，就得作細微區分。就技術上而言，「獎品」的定義是某件孩子喜歡且珍惜的東西；「強化物」則是視情況給予的結果（表示只有在孩子做出被要求的行為時才能得到），增加未來再做該項行為的可能。獎品和強化物之間有很大的重疊部分，但並非所有獎品都是強化物，也不是所有強化物都是獎品，非重疊的部分非常重要。舉成人的例子來說，如果你要求老師列出他們想多得到的東西以換得更好的教學品質，他們多半會提到假期、白天能休息，當然還有金錢。老師重視這些東西，所以它們便成為獎品；老師很可能為了多得到獎品而稱職表現教學行為，這使得它們成為強化物。但研究顯示，還有另一種重要的強化物是，老師很少發現及聲稱重視的：校長和學生的讚美。這種讚美影響老師的行為，因此它是種強化物，但是老師並沒有把讚美當成獎品，因此不會提出要求。

重點是，在某些情況中孩子不見得認同你以為有效的獎品、強化物或處罰。或者孩子和你的看法一致，但即使你們都認同它是種獎品，可能仍不具備強化物的功能。如果計畫沒有效果，你要考慮這種可能性。沒錯，在少數情況下，你會斷定無法達到預期的作用，也沒有出現結果。

我記得一個有攻擊行為的十三歲女孩的案例，在她揍過幾個同齡男孩後被送到我這裡來。我們研擬出強化正向行為的計畫，老師每天讓她帶一張卡片回家，有攻擊行為給零點，和同學正向互動給兩點，我們有各種獎品供她用點數來購買：去購物中心的時間、去唱片行買音樂專輯當禮物以及參與在朋友家過夜的晚會。這個計畫沒有發揮作用，但是我們不想提前宣布失敗，於是繼續找出問題癥結。確定基本上沒問題後，我們又試了其他東西，還是沒有沒什麼進步，這個計畫就是無法成功，我仍然不確定為什麼，也許她特別抗拒強化物和處罰，也許給予別人挑釁的看法反而更強化了她的不當行為。如同前面我說過的，我們不確定為什麼計畫沒有成功，對多數人有效的辦法用在這個特殊的孩子身上，就是沒反應。

計畫沒有成功通常不是因為這個孩子很特殊或計畫失敗，更普遍的情形是父母或其他成人因為某種理由，而無法適當執行計畫。這是很實際的問題，像單親父母必須長時間工作，孩子常常單獨在家，親子沒有真正互動的時間等，確實會影響計畫改變行為的能力，但因此就說計畫失敗也是不對的；要適當執行計畫已經是不可能了，但是並沒有失敗。這種區別很重要，因為如果能找出方法適當執行計畫——縮短工作時間、多協助照顧孩子等——就有理由相信你可以改進孩子的行為。

藥物與飲食

來求診的父母常常詢問可否用藥。我們可以開出一些藥物用來解決困擾他們的行為嗎？他們還會問有關飲食方面的問題，但是較少見。他們可以用吃或喝的方式——例如少糖——讓孩子較不具破壞性、更冷靜、較不容易失控，而做些改變嗎？我能理解他們的要求。我們的習慣用速戰速決的方式，希望能用高科技成分的辦法立刻解決烏煙瘴氣的問題。

我對於支持或反對藥物治療沒有預設立場，也不會將藥物治療與使用ＡＢＣ法則視為相互較勁。像飲食、手術或治療閱讀等醫療，這些經過科學證明有效的方法適當地用在治療問題，會產生很好的效果。特別的藥物治療提供特殊辦法用來解決某項行為問題，在某些情況下藥物治療也是種選擇，不過這些情況有限，而且藥物治療並非本書所討論用來解決破壞性行為的選擇，飲食和治療這種行為問題也沒有多大關係。如果藥物治療或改變飲食是治療選擇，而且研究報告也支持這種結論，我會強烈建議並且加以背書。我盡量使用所有研究（不只是我自己的意見或經驗）顯示效果最好的方法。

現在，讓我們先提出有關藥物治療和飲食上的一般問題：什麼時候決定如何治療孩子？

藥物治療有助於解決孩子的問題行為嗎？

這要視孩子的問題而定。目前美國食品暨藥物管理局並未批准用於兒童敵對、攻擊和反社會行為的藥物，或用於正常小孩產生一般問題行為的藥物。不過有一項例外。專家認為興奮劑藥物（methylphenidate和amphetamines）可作為患有注意力不足過動症（ADHD）兒童的治療選擇；這種孩子的特徵是無法專注（例如孩子會犯粗心的錯誤而且容易分心）、過動（坐立不安、蠕動）及衝動（脫口而出的回答、喜歡插嘴）。這種藥物有強力的科學證據為基礎，但即使如此，很少會有專家認為藥物是讓人滿意的治療方式，因為藥物的正面作用——改善孩子的注意力和減少過動——只有在用藥時發生。此外，藥物的長期效果並不明顯，不管一個人在孩提時代的過動是否接受藥物治療，在成年階段並沒有明顯差別，而且如同任何藥物一樣都會有副作用——例如影響成長和睡眠。藥物治療就像治療任何問題一樣，不見得有效果，也就是說，藥物治療對於過動症通常沒有作用，它是選擇性治療。

許多有過動的孩子同時也有攻擊性和敵對傾向，藥物治療可以減少過動，但是對於其他的破壞行為通常沒有作用，反過來說也是一樣，如果孩子非常具有攻擊性，用我的方法來控制或許無法減低過動。孩子有時候同時有兩種問題，**在使用藥物治療時徵詢專家意見是很重要的**，特別是有些學校認定孩子過動的標準很鬆，強烈建議父母親尋求藥物治療來控制孩子的行為，但很多情況下其實是多此一舉，因為孩子沒有缺失也沒有異常活潑，他們並不需要藥物治療，這些孩子可以由父母或老師來處理而不用藥物，因為三十年來我們已經在家庭或學校這樣做。

有個複雜的情況是，興奮劑治療常被用來改善兒童或成人的專注問題，不管他們是否有過動，也因此興奮劑成為大學院校的類固醇，一些沒有罹患ＡＤＨＤ的學生為了應付考試而濫用興奮劑。因此如果老師或小兒科醫生告訴你，孩子有過動傾向，應該接受藥物治療，而如果孩子不完全過動，可是你仍然相信藥物治療，孩子的注意力確實會因為藥物而改進，但這並不表示孩子應該冒著副作用的危險服藥。

如果孩子的學校通知你孩子有過動傾向，或你親自看到這樣的跡象，應尋求小兒科醫生、心理學家或兒童精神科醫生的建議，如果他們真的建議藥物治療，那麼可以選擇使用藥物，但是要密切觀察效果。如果孩子同時有敵對或攻擊性，研究顯示，藥物治療之外再增加我的計畫將會有幫助。

但是我要再重述，沒有一項被核准的藥物可以改變或企圖改變我在書中所探討的這類問題，包括：不答應父母的要求、態度不好、惡言相向、破壞東西、脾氣火爆、不尊重別人、漫不經心地和兄弟姊妹玩、偷竊、吵架、說謊、打同學或父母及師長、處處和別人作對、欺負弱小、挑食、和同儕搞破壞、不喜歡和別人分享、不愛打理自己的事（洗澡、刷牙、穿衣服）、不準時上床睡覺、不遵守宵禁時間、不讓父母知道行蹤、不服用藥物、難以和別的孩子相處……

以上這些及每天多不勝數的行為問題，藥物治療不太可能有幫助，反而會造成傷害，而且藥物治療無法培養好的習慣。

和飲食與營養有關係嗎？

過去幾十年有股研究趨勢，反映出飲食與營養導致兒童行為問題的憂慮，特別是在學校。在眾多食物中，有兩種嫌疑較大：**穀類中的糖和各種食用色素**。顯然好的營養對發育中的孩子非常重要。

但是改變孩子的飲食和前面所列的問題並沒有關係。如果青少年的態度不好、幼兒玩火柴或孩子在早上被告知要準備上學時亂發脾氣等，可以受我們餵食的東西所改變，我一定會在我家前面草皮上擺個攤子大聲叫賣這種食物。原則上，飲食無法解決我們所討論的行為問題，「高糖」並非問題重點。

我並非不重視身心關係領域中飲食與行為的關聯，例如，孩子的飲食中長期含少量的鉛，會導致過動。這並不是造成過動的一般因素，但卻是少數兒童過動的原因之一。或者小孩患有很難鑑定出原因的特殊過敏，過敏反應可能包括焦躁不安和敵對行為，所以我的意思不是飲食和行為問題絕對沒有關係，這些和其他例子傳達出什麼會發生、偶爾發生什麼，但它們並不是產生過動和焦躁不安的通則。

用營養來解決社交、情緒和行為問題仍有疑問。這種辦法不會造成傷害，卻也無法解決問題，但不管怎麼樣，一定要確定家人吃得健康。

為孩子尋求協助

原則上，在一開始我們會盡量避免侵犯及犧牲到孩子（或你）的自由，以及最不至於引起副作用及冒著個人、時間與金錢的風險等條件下進行調解、改變孩子的行為。你不必因為孩子亂發脾氣，而讓孩子長期接受心理治療或住進精神病院；你也不需要使用藥物治療（因為這些方法對於亂發脾氣沒有效果），而且也不必付出金錢、副作用、留下污點（例如在學校，固定去跟護士拿藥會招致同儕的批評、受到老師的差別待遇等狀況）、破壞孩子和家人生活等方面的代價。

為自己和孩子選擇排解方法之前，先思考兩個問題。

首先，是否有證據支持這種治療功效？許多治療沒有可靠的科學證明顯示它們的效用，確定你將採行的治療是經過研究的。

第二，開始進行的辦法是最好、花費較少、較不具侵入性、限制較少的嗎？

基於兩個主要因素，決定什麼時候讓孩子接受治療是件棘手的事。第一，許多有心理疾病或類似狀況的人仍繼續過著正常的生活。研究不斷顯示，兩成的孩子、青少年、成人達到一項以上的心理疾病標準，這是保守估計，因為並沒有很清楚的論點可以界定大部分疾病，有些「差點」符合這種標準的人仍然有短期或長期問題。由於符合心理疾病標準的人比例很大，我們除了觀察症狀，還必須注意干擾個人在社會上發揮功能的跡象，這也是我將缺失與危險性列在下面的決定標準的原因。

其次，許多問題來來去去是正常發展的部分，說謊、偷竊、口吃、亂發脾氣、對立行為、不安和害怕、睡不著和過度啼哭，都會出現在許多孩子的正常發展階段，即使如此，這些也可能成為重大問題。如果問題持續下去，許多父母必定會為孩子尋求協助，但這些問題即使未接受專家治療，經過短暫高峰期之後也會急劇降低。

・**說謊**。研究顯示，大約三成到四成十、十一歲男孩和女孩說謊，被父母認為是重大問題。這個年紀似乎達到高峰期，之後說謊問題的頻率往往筆直下滑，不再構成問題。

・**無法安靜坐下來**。這是大約六成四、五歲男孩的重大問題，不過會隨著年紀增長而減少。

・**嘀嘀咕咕**。約五成四、五歲男孩和女孩嘀嘀咕咕的程度，會讓父母把它視為重大問題，不過也會隨著年紀而減少。

・**害怕**。五歲之前，大部分的孩子會經歷害怕與不安的階段。一般害怕的事情包括黑暗、怪物、小動物，或是和大人分開。不能只因為這些恐懼發生在許多孩子身上，就表示這是小問題。但幸好隨著孩子的年齡漸大，多數孩子不再那麼害怕了。

- **過失行為**。約五成的青少年與兩成至三成五的少女有過一種過失（違法）行為，通常是偷竊或破壞物品。多數孩子並不會持續產生這種問題。
- **口吃**。五歲以下的孩子約有百分之二十五會口吃，大多數不需經過治療，這種現象就會自然停止。

以上問題在正常過程中會隨著年紀變大而大幅減少或完全消失，難題在於決定是否請專家介入。例如孩子的年紀正好處於害怕的階段，通常會主張只要安慰孩子，並等著恐懼的心理自動消失就好，可是萬一孩子非常不安，整個晚上都在哭泣，沒法去托兒所或學校，父母的安撫也失去作用呢？如果情況這麼糟糕，應該考慮尋求專業協助。讓我們考慮一般標準來幫助你下這種決定。

需要協助的前兆和症狀

父母和老師如何知道什麼時候應該帶孩子去尋求協助？多數父母在決定什麼時候應該帶身體有毛病的孩子去看醫生，已經有大致的規則。鼻塞和咳嗽可能不需要，但是如果加上發燒和紅疹，多數父母可能會去接受醫療專業的檢查；若再加上脖子僵硬，即使是堅持自然痊癒的人也可能去看醫生。然而決定一個人心理健康的問題和發高燒不一樣，因為心理學上沒有一個相當於體溫計的東西，在這個領域的健康照護上，多數父母往往較難有下決定的程序。不過除了這本書外，你應該尋找用來決定是否尋求專業協助的標準。尋找下面任何一項：

障礙。孩子的行為干擾到在家或學校所扮演的角色嗎？許多孩子（和成人）會焦慮、害怕、亂發脾氣，但是這個問題常常干擾到上學（或上班）嗎？如果是的話，那就是障礙。在早期的幼兒階段，孩子可能只是和父母或保母在家，不需要太多角色，因此那時候很難看出來。然而，由於托兒所有其他小孩，父母比以前接收到更多有關他們孩子不適應的抱怨。

也就是說，如果孩子常常在托兒所被孤立或被幼稚園開除，就符合障礙的條件。在四、五歲前我不會尋求治療，除非出現更嚴重的事。之後，障礙可以當成更有用的標準。某些情況下行為可能自動消失，可是父母沒辦法等那麼久，例如在門診中我就見過兩歲的孩子因為打人而被多家照護中心踢出來。打人可能是個短暫階段，可是對父母或必須處理這件事的照護中心的人員來說，這並不重要，因此打人在此構成障礙的徵兆，儘管它不會形成嚴重的長期問題徵兆。

當父母和小孩互動時產生潛在的困難，這個問題就很明顯。例如孩子不吃東西，或直視他的眼睛、叫他的名字時沒有反應。這個年紀的正常範圍是很寬的，所以不要驚慌，不過應該看小兒科醫生，把這些疑慮和問題提出來。

行為改變。如果行為違反常態可能有問題。兩個不同的孩子待在房間可能悶悶不樂，不想和朋友在一起。一個孩子平日就常常表現出這樣子，有點像爸爸的行為。另一個孩子通常很積極參與事情也很開朗（顯然沒有表現出平常的態度），悶悶不樂和冷淡表示顯著的改變。在這個例子中的後者，父母應該多注意沮喪的可能性，這種改變清楚顯示並非氣質或個人型態的行為，而是因為某件事的緣故。

憂鬱的徵兆。孩子表現出來的憂鬱徵兆是否源自某個事件或壓力源？現在我要舉的例子就和災害有關（任何的巨變，像颶風；或家庭變故，像火災），家庭暴力、親人去世、同儕欺負弱小、性氾濫，或甚至暴露在暴力電視節目或新聞，孩子可能表現出缺乏睡眠、做惡夢、焦慮、黏人，或上面提到的障礙。許多作用都是過渡性的，得視孩子和事件的本質而定。如果幾星期後還是沒有消失或減低程度（根據孩子和事件的嚴重程度而定），應考慮尋求協助。

危險和可能發生危險。孩子的行為對自己或他人會造成危險嗎？這可能牽涉到偶發狀況下傷害別人或自己的攻擊行為，從拿叉子插進自己的手到放火企圖自殺。我有個案例是九歲男孩打他新生弟弟耳光，就像老式電影中女人拒絕男人進一步浪漫要求而動手掌摑的方法一樣。另一個案例是十一歲男孩把枕頭放在六個月大的妹妹身上，這可能會造成窒息。如果你覺得那還不夠恐怖，他還抬頭看著逮住他這種行為的媽媽，說：「妳覺得她死了沒？」那時他被帶到急診室，然後又到我所指導的病患組。不管孩子的企圖是什麼，這些顯然是危及他人、需要立即關注的案例。

孩子若談到要殺自己或別人，一定得嚴重看待，需要尋求協助或介入，有時候這種決定很容易下。一個十二歲男孩因為一直告訴老師說要殺了她，而被帶到我的辦公室，這並不是孤立事件或只是一時氣憤的說辭，他的態度冷靜、有計畫，注意到他父親有槍，有天他將帶到學校。一個八歲女孩說不想活了，只想自殺。她重複說這種話，不只是受一時的強烈情緒激發（例如，**真是**

尷尬死了，我要殺了自己）。

有時候很難下決定是否尋求協助。我的意思不是必須把你四歲的兒子拖到急診室，因為他模仿卡通人物說，**我死了算了**。處境很重要，有的孩子可能說過這樣的話一、兩次，可是在家、在學校以及和朋友玩耍時似乎都還不錯，這種話幾天後就消失了，這是其中一種情況，通常只要繼續注意進一步的言談就可以。另一種確定應該尋求協助的情況是，極小部分有自殺傾向的小孩子，但是企圖自殺或曾有家人自殺的家庭也應提高警覺。如果是十二歲的女孩說出同樣的事，那又不同了。剛步入青春期的孩子，企圖自殺和憂鬱的比例大幅提昇，尤其是女孩子。其他不同的情況——難以和同學相處、家中有槍枝、可能引發模仿的媒體「傳染」事件（例如最近發生的名人自殺）——會使狀況更加嚴重，你得弄清楚是否需要為孩子尋求協助。

危及自己或他人的情況較特別，你應該謹慎評估，如果有疑慮，可徵詢專家的意見。

▼**行為與年齡的關係**。判斷孩子的行為有種複雜的狀況是，他們的變化很快，在你判斷問題嚴重性時得跟著目標移動。行為本身不見得是問題，有時候是行為與年紀的關係，例如三、四或五歲的孩子不肯接受廁所訓練並不是心理疾病，也不是什麼問題，除非是父母厭倦了換尿布，也不想再處理。尤其五歲以下的孩子尿床，對目前或未來的調適問題關係並不很大，但是十歲以後就會是種危險因子，可能是日後嚴重心理問題的前兆。同樣的行為會因為年紀不同，意義也跟著改變。十歲或十二歲不肯接受廁所訓練，可以預測日後的挑釁行為。害怕（怕黑、怕怪物、怕和父母分開）也是一樣的，所有這些都是多數孩子發展過程中「正常」的部分，即使那些恐懼確實

困擾他們；但是那些恐懼通常會自動消失，如果沒有，同樣的害怕問題在十到十二歲會反映在更嚴重的焦躁病症上。

▼**不尋常的行為和極端症狀**。這裡要談的是較嚴重、造成干擾的問題行為。孩子是否表示聽到聲音告訴他，去做危險或傷害性的事情，或者投入沒完沒了的重複行為長達幾個鐘頭。我們曾接觸過孩子聽到有聲音告訴他去傷害別人或放火。看見不存在的東西、相信有精靈在控制一個人的心理，這些可能是有嚴重失調的重要徵兆。此外，值得重複一提的是，不管孩子有沒有照著聲音的話去做，都算是嚴重失調。

父母應該尋找背離日常行為的地方，童年早期許多正常發展包括想像中的遊戲、想像中的朋友、和填充玩具說話，以及有時候用不同的聲音和你說話。五歲孩子在地板上玩玩具兵時，用兩三種不同的聲音自言自語，是非常正常的。十二歲的孩子獨自坐著，用不同的聲音自言自語，就得密切注意，尤其常常發生這種情況時。

有疑慮的時候

小兒科醫生、心理學家和兒童精神科醫生是詢問有關處理孩子的問題的第一線。小兒科醫生的專長不在於社會、情緒，或行為問題、精神病，他們的主要訓練在於醫療和身體健康，但是有很大比例的孩子（高達四成）有心理問題，因此小兒科醫生往往是父母接觸的可以處理這類問題的第一個專家，或由小兒科醫生轉診到心理健康專家那兒。心理學家和小兒科醫生受過訓練，提供系統評估，也就是使用不同的心理標準方法，從社會、情緒、認知和行為功能等許多領域來看孩子的做法。他們受過訓練去觀察不同處境——孩子在家、學校、同儕關係如何——並且評估需要追蹤的問題徵兆。有時候這種評估非常的重要。

例如，一個十歲女孩因為在家裡的破壞力超強，父母親又拿她沒辦法，所以被送到我這裡；她晚上也睡不著覺，情況似乎有點混亂。父母帶她來我們的門診，我們做了一項評估，包括分別和父母及小孩開會。評估顯示，她在日常作息中（例如吃飯和上床睡覺）常常發脾氣，而且高度焦躁，如同父母指出的。然而父母並不知道她有憂鬱症，而且常常有自殺的念頭，並打算從她媽媽的藥櫃中拿藥來自殺。其實上星期她已經服下高劑量的藥物企圖自殺，因此她變得非常虛弱。父母以為她只是生病了，幫她請假待在家裡。評估期間我們提醒父母並建議讓她住院。

求救：引導與接觸

在找尋最好的方法幫助孩子時，有幾項原則應該記住。

第一步是找出孩子可能有什麼問題，不要只是上網搜尋點選相關資料，網路上關於臨床問題和有效治療有很多錯誤的資訊，你應該進入由專家提供及審查的網站。

許多專家和其他提供治療特定問題的資訊不太一樣，不同的心理學家、精神科醫師、社會工作者、家庭醫師、顧問及其他人對於同樣的問題會提出不同的解決辦法。剛開始最好確定你尋求協助的人是值得信賴且有執照的。但這還不夠，你應該提出問題，徵詢第二種意見。下面列出應詢問專家的重要問題：

- **你用什麼辦法來治療我孩子的問題？**
- **這種治療辦法已經進行多久了？**
- **這種特定治療是否經過研究？有科學證據支持嗎？**
- **除了這種方法，還有其他治療選擇嗎？**

這裡還有一個小叮嚀要提出來。許多臨床上的治療並沒有證據證明它們的效果。在你為孩子尋求治療時，可能會碰到溫和、能言善道、理性、立意良好且擁有證件的專家，看起來像個好人而且符合你的期待，候診室看起來也很不錯，還有知名、可靠的專業機構核發的證書，但這些沒有一項可以保證你能得到很好的治療，你應該把自己當成心理健康服務的重要消費者，如同你在購買汽車或房子一樣的重要，必須找出可以證明這位專家的治療確實有效的證據，以及這種治療是否被公認是種治療選擇。不管答案令你滿不滿意，都要再問問其他人的意見。

結論——正面教養法

心理專家傾向將研究重點放在行為不端、暴力和疾病等問題——這些確實都很重要，但並非人類會經歷到的全面性情形，他們較少強調改進日常生活。但幾年前，我這個領域中的領導人物之一**馬丁・賽利格曼**（Martin Seligman）提出「正向心理學」的方法。我承認當我第一次聽到這個詞彙時感到懷疑，心想這只是另一項背離科學、含糊不清的對策，但是我錯了，正向心理學使用良好的科學幫助人們的生活更加美好，成為一項有效果的法則。現在它是一門嚴謹的研究領域，具有實體的支持研究——證實它是有效的——勝過這個領域長期建立的技巧。

我的方法和正向心理學的企圖「培養恢復能力、增進適應力的技巧，以及教導有效的問題解決」是一致的，並沒有狹隘地把焦點放在行為上，而排除其他構成人的成分。我也不把我的工作當成是除掉壞的或是補破網的差事，運用科學幫助人們自己和他們家人建立正面生活，表示我常常需要跨越行為範圍，研究親子之間更寬廣的關係。

有了這層認識，讓我們重新思考前面一章的焦點是放在負面上：障礙、危險以及沒有解決辦法的問題。如果你只看本書第二章，可能接下來幾天、幾個月或幾年都將跟在孩子屁股後面，為了大幅改變行為或其他嚴重問題而不斷提醒他，但是如同本書所強調的逆向正面思考，我想要轉而討論用我所謂的「正向教養」來思考你和孩子的關係。

不管你是否積極參與改變孩子行為的計畫，你可以做很多事情來幫助孩子、避免或減少社交、情緒、行為及適應問題，我認為提及一些你可以做的事情是很重要的，即使它們並不全然是改變行為的技巧，即使以前你就已經聽過其中一些。

但即使我們只是著重在我的方法，讓計畫進行得更好，請記住，ABC法則的效果，和我書中所討論的技巧，在實際應用上會有幫助，但也可能受阻礙，因為通常父母如何執行會影響到計畫成功與否。我已經用一章的篇幅說明教養壓力和家庭混亂，請思考你可以做什麼來減少一般程度的家庭壓力與混亂。家庭生活氣氛的改進無法矯正特殊行為或減少問題的產生，但是對孩子卻有很大的影響，有助於我們所建議的計畫效果。

思考一下撫養孩子和最平常的健康問題的關係，例如照護牙齒和牙齦。牙醫師說你可以做某些事情來照顧牙齒：刷牙和牙線——你知道鑽牙、也知道撐大嘴巴是怎麼回事。牙菌斑引起牙齦疾病，不只破壞你的笑容觀瞻，而且也和心臟病和肺病有關，刷牙和使用牙線就大概類似我在本書所提出來的，是解決像亂發脾氣、在超市撒野或不做功課等情況的辦法。但是我們也可以採取更一般性的辦法用在教養孩子及牙齒照護上，這些事情不只針對特別問題（牙菌斑、亂發脾氣），同時也具有廣泛的正面效果和非常大的作用，例如固定做運動、得到均衡營養、維持正常體重，是減少可能得到牙齦疾病的三個普通條件。

還有一些類似的教養方法並非針對亂發脾氣、不寫功課或其他特殊行為問題，但是對孩子的行為有極大的影響。這些做法對孩子和家庭也會有廣泛的良好效果——和運動、營養、控制體重一樣，不只是能對抗牙床疾病而已。

因此你可以做幾件事情來增加我方法的成功機會，同時也有助於你的家庭生活。

第一（也是最重要的），很多研究顯示，一般的教養策略對於改變特別行為的任何計畫非常重要。我不想因為其他教養書籍給予類似建議（也許是有用的方法，也可能較無用處的方法）而不提供一些重要的原則。為了給你最可能成功的機會、科學能提供的最佳必備工具，儘管有些事情你已經知道，我還是要進一步說明，擁抱孩子可以使他更加重視你的讚美及注意你的指導，使得改變行為的點數計畫更可能成功。

第二，所有的父母在使用一般技巧時，偶爾都會用提醒的過程。

在你閱讀結論時，暫停下來問自己，真正做到我建議你做的每件事了嗎？如果是的話，恭喜——你是個教養超級英雄；如果不是，就是個凡人。你愛孩子，想要給他們最好的，也想要盡量當最好的父母，再繼續往下看幾頁，這是最後一次幫助你做到的機會。

1. **冷靜教導。**雖然偶爾心煩是正常的，也應該教孩子兩人都保持冷靜的重要性。最好的訓練不會在戰場中發生，訓練最好的時間或許是當你們一起坐在沙發上或散步、在車子裡聊天。在談到會觸怒彼此的問題時，只要示範出冷靜，對於教導孩子如何處理困難處境會產生重要的影響。

其實你一直都在教導孩子，即使沒有刻意這樣做。最近的研究已經確定，**孩子的腦部會觀察並且對父母的反應做出回應的神經病學過程。**在父母對事情（事件、東西或其他人）以憎惡等強烈負面情緒做出反應時，孩子的腦部會活躍地學習及模仿，你可能不知道自己正在教導了，孩子也可能不知道他正在學習，但是他的腦部正忙碌地組織你所建立示範的活動，因此在你教導非常有價值的道理時，一定要保持冷靜，更重要的是，如果你發脾氣，也不要教導更強力的負面道理。

較普遍的情況是，當你示範理性、有方法的討論，不表現慌亂，孩子較可能把你當成後盾，而不是個令人敬而遠之的人。如果你不理性、脾氣火爆，對任何事情都感到驚慌——衣服、頭髮、藥物、性、吸菸、學校等等——每當有問題發生，孩子往往會逃避你、疏遠你。

2. 傾聽孩子說話。聽聽孩子的意見是件好事，不只有益心理健康和自尊心，也有助於彼此交流，因為你希望孩子和你能彼此分享意見。意見交流的重要關鍵是，你傾聽，然後讓孩子傾聽。在早期生活示範彼此商量，日後你和孩子的互動會輕鬆許多。

在我的領域中，我們用「不拘問題的爸媽」來形容孩子能輕鬆和他們交談的父母，特別是敏感話題。當個「不拘問題的爸媽」是很重要的，研究顯示，孩子喜歡從父母那兒得知像性和藥物這類資訊。當個「不拘問題的爸媽」是很值得的，會影響到你和孩子的長期關係，以及改變行為的短期效果。

在你聽孩子說完話後，不要反駁。指出他所說的好的一面，即使你有不同的看法。絕對不要使用「笨」、「愚蠢」或其他貶損的字眼。

3. **一起解決問題。**思考一下你想教導哪種行為。有個辦法是思考戰爭時發生什麼事，以及引起戰爭的原因——亂發脾氣、咆哮、不聽話、孩子做出令你感到灰心的事——然後確定你想教導的逆向正面思考的事情。把不希望發生的行為和逆向正面思考列成清單。由於父母常常模糊孩子的行為目標，因此這張表非常重要。你的目標越明確，越可能和孩子有效地達成。即使目標是一般性的——例如更仁慈或誠實——達成目的最好方法就是發展值得效法的行為。

共同解決行為問題的一個好辦法是，利用你和孩子看到別人正在做你想談的事情的機會，例如在餐廳表現好的禮節這類細小的事情。跟孩子指出可以做與應該做的差別，確定什麼行為你認為應該怎麼做，並建議孩子在相同的情況下，應該做出同樣的行為。或者相反地，當你看見孩子做出對的事情，例如被拒絕時沒生氣或表現出好的禮儀，指出這一點當成好的示範。言詞應該具體：**看到那個女孩安安靜靜地在看書嗎？當我們出去用餐或在阿嬤家吃飯時，你在餐桌上就開始坐立不安，告訴我你覺得那種態度怎麼樣，我想確定給你書、玩具或其他東西時你能安靜地玩。如果你真的需要跑來跑去，只要小聲告訴我就行了。這不是什麼大不了的事情，可是如果能告訴我就太好了，這樣我可以幫助你不那麼坐立難安，就像那個女孩一樣。**最後一句減弱了「你必須遵守……」的意味，可以增加孩子願意去做的機會。

這是在你認同問題（你想用不同方法處理一些情況）和解決方式（因為你認同不同的回應方

式）的意識下進行。思考一下這種當作替代模擬練習的機會，另一種強化練習的方法，而且即使是和孩子一起看電視也可以進行。

在進行過程中應該少一點專制，當你指出看到的問題，具體說明別人所做的事情，並且問孩子不設限的問題：**你認為怎麼做會比較好？**或給點暗示：**你認為……或……這樣的做法會比較好嗎？**如果孩子的回答是正確的應該讚美；如果是部分正確則說明及讚美好的方面。如果不正確，不要去研究孩子的錯誤，只要說出正確答案並強調你想教導的道理就好。在最後可以補充：**「和你談這些事情真好。」**讚美理智地討論及建立你們的關係，即使你和孩子意見不合，也能夠繼續對談。

4. 熱烈回應。在本書我花了很多篇幅鼓勵你讚美孩子對的行為，並且強調身體接觸（擁抱、親吻或輕輕拍）可以讓讚美更有效果，不過我並不想留下這樣的印象——溫暖和正面接觸只侷限在你想達成改變行為的特別計畫的情況；他們不只是強化物。

熱烈回應（微笑、擁抱、給予溫暖、相聚在一起）還扮演著較一般性的角色，所有建立冷靜、熱情關係的時刻，往往使你忘記教養孩子時產生的憤怒。身體接觸對於孩子的發展以及對壓力、學習及其他反應非常重要，而由於正面的身體接觸可以增進身體與心理的舒適，對於整個生活也很重要，因此不需要有好的理由、行為才抱他，而且要常常擁抱。

5. 培養能力。在兒童時期的不同階段培養一項以上。這裡不是指規劃更多會增加壓力、煩躁以及負面家庭互動的課程（許多家庭已經安排很多像足球、長笛、空手道、游泳等課外活動），我並不想再火上加油。在每星期過度安排活動的時間，你和孩子得做準備，攜帶必備用具，準時往返。活動過多會造成教養壓力和家庭混亂，所以幫孩子挑兩個領域（一到十歲的孩子）並協助他持續下去即可。

當然也有些興趣可能不是你想支持的。我女兒兩歲時想要買鼓，我們知道她對打鼓非常投入，可以預見她將從早到晚不停地打鼓，使得鄰居聚眾向我們家抗議，所以我們一直很少提起鼓的事，很快地買鼓這個要求轉變成不同樂器，我們熱烈鼓勵這項新選擇，馬上就幫她報名上課。（這個例子說明了父母親不只是考慮到孩子的發展。我女兒想打鼓的念頭沒什麼不對，最後她真正練習的樂器也不比較好，我們原本可以買耳塞，答應她買鼓，但有時候在為孩子的興趣做決定時也必須考量自己的幸福。盡可能保持彈性及開放心胸，但是要認清，儘管事情本身沒有對錯，由於你不希望生活中出現這件事，可能因此中止這項能力。）

你可以幫助孩子追求一、兩種低調、持續但非固定的興趣，直到能力奠定，幾年的練習達到能夠較正常投入的程度，並且對孩子有鼓舞作用。這種能力對孩子的發展非常有建設性，有助於建立友誼、自信，以及影響孩子日後所做的或所喜歡的某些能力。能力也有助於孩子稍微順利地渡過青春期，這段時期通常問題行為會增加，尤其是破壞物品、嘗試藥物或性、酒後開車。研究顯示，孩子繼續發展一項以上某個領域能力的活動，可以減少危險行為的可能性。例如，最近的研究發現顯示，在青春期從事運動的年輕女孩，嗑藥的可能性較低。至於從事運動是否就是較少涉及嗑藥的原因，並不確定，但根據更進一步研究那確實有效，運動和其他能力是很值得鼓勵的。

6. 鼓勵社會互動（通常在你的監視下）。在童年早期，孩子需要你的監督來減少衝突與其他類似問題，但是當孩子和其他同伴玩耍時，應盡量抑制自己想當調停人的衝動。就許多方面來說，社會互動是種能力，值得花時間培養，不只是發生在學校和安排的活動之間的事情。培養友誼以及學習如何互動，對於孩子的適應力、正常功能和抗壓性有長期影響。孩子到了十四歲，遊戲時間成為遙遠的記憶，他可能會和朋友待在房間、吃披薩、狂歡。那時候他和你之間似乎有點距離，不過你還是要鼓勵社交互動，讓孩子和朋友在你的房子裡做那些事，甚至招待他們吃披薩，如此孩子在從事社交活動時並沒有切斷和你的關係，而且你很清楚孩子在什麼地方，而這也是下個重點。

7. 務必知道孩子的去處。在兒童時期這是必須的，而且你應該以身作則，讓孩子知道你在哪裡。不斷接觸、知道每個人的行蹤對家庭而言應該是很自然的，這不只關係到好家教，也因為監督孩子不應該在青少年可能表現危險行為時才突然冒出來。如果監督被較大的孩子當成是種限制，他很可能會抗拒，所以應早點開始。在六至十二歲的年紀開始有課後活動，特別是十來歲的孩子把同儕擺在更重要的位置，你必須更主動知道他在哪裡，如果你沒辦法常待在他身邊，讓他打電話給你，或者你打電話到他應該去的地方。

為什麼知道孩子在哪裡這般重要？研究證實，若不知道孩子的去處，那麼他涉及各種危險行為如嗑藥、喝酒、抽菸和性行為的機率將提高。沒有受到監督的孩子較可能和那些本身也沒受到監督的同儕牽扯在一起或受到慫恿。當他們有很多時間沒受到監督，會談論或從事更多偏差行為。只要多注意孩子就能減少他出差池的機會，你不必在場監督，但知道孩子的去處是絕對需要的。（現在孩子上網的時間很多，監督範圍不只擴及家裡之外的地方，網際空間也得注意。）到底必須監督孩子到什麼時候呢？答案是：直到他不再是個孩子。

8.**規劃時間。**在緊張束縛的家庭生活之外規劃一些輕鬆的特別時間。你希望孩子做好功課、準時回家、固定時間吃晚餐，孩子像是有全職的工作，而你則是有愛心卻要求很多的老板。你嚴密監視，像個電影導演般，必須確定每個人都在各自的位置上，道具準備妥當（衣服、牙刷、泳衣），燈光和攝影機也擺好了，時間一到便一起動員。順利的話，當你精疲力竭倒在床上睡覺，可以大喊，**大功告成！可以發行了！**但不像導演那樣，你的電影永遠也拍不完，你不能把沒什麼作用的場景扔掉，不管昨天是好是壞，你永遠都有第二天、第三天……。

因此，為了自己也為了孩子著想，一定要讓孩子有冷卻的時間，至少應規劃一些輕鬆的時間，不要質問、不要有所期待，不要為了檢查事情是否完成而給孩子壓力。對於較小的孩子，讓他們安靜地玩一些時間就可以了。研究顯示，可以自己安靜地玩耍的孩子，當他們和別的孩子互動時較不具攻擊性。

9.**重視定量時間。**全家一起固定做家庭活動，像吃飯和家事。比起外出去看球賽（買件運動衫、門票、熱狗加上停車費，可能得花上一筆錢）這種有品質時間，平常的定量時間更加重要。有品質的時間固然很好，也絕對不能取代定量時間。想像一下忙碌世代的基本概況，每星期四十分鐘的特別親子時間是件不錯的事（如果不發生爭吵那就更棒了），不過也需要足夠的定量時間，幫助孩子過著你所希望的生活型態。考慮給孩子定量與有品質的閱讀時間；最好是每天花二十分鐘讀優良的兒童故事給他聽，這樣比起整個星期都不說故事，到了星期天一口氣唸一小時來得好。每天固定閱讀會帶給孩子很大的益處，對於閱讀能力與學業表現都有正向作用。定量時間有一項吸引人的地方，那就是你不需要做特別的事或規劃活動：只要安排家人在一起，讓每個人正常互動就成了。

10. 和孩子培養固定作息。每個星期五我們家人會去採購，每個星期天吃薄煎餅早餐，每次從阿嬤家開車回來的途中會在一處公園停下來。固定作息要非常適中，例如固定載孩子去上一堂課（每星期帶女兒去跳芭蕾）——也可能是兩堂課，以及每星期指定的例行作息（談談和朋友交往的狀況、學校等事情），要規律且經常這樣做，但是不要太死板，免得固定作息成為額外的壓力。建立在日常作息的美好經歷可以增進你們的關係，不管你著重的是用ABC法則在較小的孩子身上，或較大孩子的主要嚴重問題，都將使你成為更有力量的父母。固定投入在親子關係上，就像定期定額的儲蓄，增值的速度很慢，有時候數目看起來似乎沒有增加，可是原來的本金加上複利是很龐大的。

11. 建立孩子和其他家人的關係，包括不同世代的家人。這種關係有很多好處，包括可以使孩子的生活穩定的家庭作息，以及可以讓孩子從父母以外的成人學習及建立關係的機會，最近的研究顯示，和延伸家庭建立關係的孩子，做出破壞性行為的風險會降低。

親戚們往往分散各地，要保持聯繫不見得那麼容易，但是要盡量建立持續與永久的關係（和祖父母，甚至增祖父母，以及和孩子的年紀相仿的親戚，例如表兄弟姊妹）。如果親戚住得很遠，可以利用假日相聚。如果你沒什麼親戚，尤其如果你是單親爸爸或媽媽，或許可以偶爾安排一下（野餐或訪友），和別的有小孩的單親父母共度。通常在教堂或其他社區場合是找到這種同伴的好方法。

12.照顧自己。在撫養孩子的過程中很容易忘記讓自己保持好的身心狀態。教養、持家、工作、維持關係、規劃多種未來（孩子、你自己、也許還有你的父母）種種加在一起，造成許多壓力，多種挑戰緊跟著你，而且會重頭再來，因為你不曾好好抒解任何壓力，每天都有做不完的事情。你背負著重擔長途跋涉，漸漸地在你身上留下印痕。看見自己的需要（不只是孩子的）是非常重要的，應該擁有自己放鬆的時間、自己的社交活動、自己和配偶或朋友固定交誼，這並非鼓吹「自我世代」或「自我擺第一」的自私自利，這是根據親子互動研究顯示對於有效教養的最佳管道。如果你終日都在盡自己最大的努力，和孩子之間的互動將會破裂或產生負面的壓力效應。投資一點精力在自己身上，你的家庭將得到報酬。

* * *

十二項似乎很多，其實不然。記得食物金字塔嗎？我們原本應該以一定比例吃各類食物，但是不見得每個人都做得到。如果我所列的這些原則改成某種心理健康金字塔，每一項相當於幾種，會有很大的益處。放鬆緊繃的限制有助於產生定量時間；可以藉由安排延伸家庭的例行活動來和親戚們聯繫等。當你了解做幾件這樣事情可以帶動進行其他幾項，似乎很實用。投資任何一項或所有十二項原則，可以使行為改變計畫更可能成功。

* * *

教養書籍和網路教養指南通常著重在使你感覺是「擁有權力」，覺得有效控制生活中的重要部分，例如教養孩子，是很重要的。關於權力的研究顯示，得以控制的感覺確實能減少焦慮，增加處理能力，但是有個陷阱，感覺有權力和真正有效控制這兩者之間有所差異。研究明確顯示，對於不同情況存著控制的幻想也能減少焦慮。心裡有教養問題方面的答案（即使是錯誤或由應該更清楚了解的「專家」提供的不相關的答案），也能增加是你在控制局面的感覺。新藥物試驗的安慰劑也有同樣的作用；病人服用看起來像真正藥物的糖碇，往往會感覺舒服些。

但從本書你將獲得新的自信，進而產生控制與功效的感覺，這並非幻覺，是建立在真實可靠的事情上：近幾十年來的科學研究漸漸幫助父母解決教養孩子方面的古老挑戰；科學家們策劃許多精密研究，前仆後繼地投入教養試驗及錯誤教養法，我從他們嚴謹的研究發現成果抽絲剝繭並加以改進，而得到我的方法，因此這本書是吸取各種經驗、有系統地萃取出來的方法，而且經過證實是有效的，讓那些父母及科學家們以及他們所教養、研究的孩子，幫助你成為更有效能與技巧的父母。

附錄
適合不同年齡層孩子的獎品範例

學齡前的獎品

- 去公園
- 和朋友玩
- 和爸媽在「大床」一起睡覺
- 和爸媽在客廳「露營」
- 聽床邊故事
- 盪鞦韆
- 晚上和朋友或祖父母一起渡過
- 被高舉起來
- 在商店騎乘投幣式遊樂設施
- 讓父母幫孩子照相
- 對著錄音機說話錄音
- 出去吃披薩
- 玩黏土
- 單獨和爸或媽出去辦事或去特別的地方

- 協助安排那天的活動
- 幫助爸或媽做大人的事情
- 和爸或媽一起騎腳踏車
- 騎三輪車
- 和父母研究謎語
- 比平常晚睡些
- 去動物園玩
- 玩騎馬打仗
- 洗泡泡浴
- 騎在爸爸的肩膀上
- 晚上出去
- 晚上的家庭活動
- 在沙坑玩耍
- 和爸媽一起坐在椅子上

- 去圖書館
- 野餐
- 去外面玩
- 幫助弟弟或妹妹
- 看故事書
- 在廚房烘焙東西
- 吃特別的甜點
- 手指畫
- 用蠟筆畫圖
- 和爸媽玩遊戲
- 玩電動遊戲
- 看電影
- 租影片
- 電腦時間

六至十二歲的獎品

- 去公園玩
- 和朋友玩
- 多聽一個床邊故事
- 晚上和朋友或祖父母共渡
- 看球賽
- 出去打牙祭
- 獨自和爸或媽去某個地方
- 在廚房烘焙東西
- 計畫一天的活動
- 騎腳踏車
- 和爸或媽去釣魚
- 選擇電視節目
- 免除做家事
- 使用手機
- 穿爸媽的衣服打扮自己
- 擺餐具
- 在後院露營

- 去圖書館
- 假日布置家裡
- 幫忙準備食物（例如餅乾）
- 比平常晚睡些
- 看電影，特別是和朋友去
- 播放最喜歡的錄音帶或CD
- 著色
- 讓孩子錄自己的聲音並放出來聽
- 選擇一道菜色
- 打電話給親戚
- 買東西
- 在家裡或花園種東西
- 野餐
- 溜冰、游泳或打保齡球
- 和爸或媽做手工藝
- 點一道外送的食物
- 去散步

- 划船、露營、釣魚或溜冰
- 睡在家裡和平常不同的地方
- 玩七巧板
- 裝飾臥房
- 放學後吃特別的點心
- 選擇特別的早餐
- 在學校吃特別的午餐
- 和爸或媽玩遊戲，例如跳棋、彈珠遊戲或撲克牌
- 聽隨身聽
- 電腦時間
- 玩電動遊戲
- 看電影
- 租影片
- 玩滑板

青少年的獎品

- 和朋友參加活動（例如去購物中心、看電影或參加音樂會）
- 讓一個或更多朋友來家裡一個下午或過夜
- 上舞蹈或音樂課
- 在臥室掛特別的海報
- 重新布置自己的房間
- 和朋友溜冰或打保齡球
- 延長講電話時間
- 獨自旅行
- 找兼職工作
- 可以留在外面晚一點
- 晚點睡
- 整個晚上和朋友在一起
- 免除做家事
- 在那個星期約會一次
- 得到一次賺錢的機會
- 可以使用家裡的相機或得到自己的相機
- 全家開車旅遊

- 露營
- 參加夏令營
- 可以剪特別的髮型或造型
- 去遊樂園
- 家人外出用餐時准許自己一個人坐
- 邀朋友一起外出用餐
- 下載歌曲到電腦中
- 可以使用 iPod 或 MP3
- 週末晚點睡
- 擁有個人存款帳戶
- 逛街
- 訂雜誌
- 購買 DVD 或 CD
- 擁有自己的電話
- 選擇特別的晚餐
- 和父母外出時買一本自己選擇的書
- 電腦時間

正面教養 最新修訂版
HE KAZDIN METHOD FOR PARENTING THE DEFIANT CHILD
我把孩子變乖了！

國家圖書館出版品預行編目(CIP)資料

正面教養，我把孩子變乖了 / 艾倫．凱茲丁著；莊綉雲譯．
-- 3 版．-- 臺北市：新手父母出版，城邦文化事業股份有限公司出版：英屬蓋曼群島商家庭傳媒股份有限公司城邦分公司發行，2024.01
面；　公分．--（好家教；SH0058Y）
譯自：The Kazdin method for parenting the defiant child
ISBN 978-626-7008-74-4（平裝）
1.CST: 親職教育 2.CST: 問題兒童教育 3.CST: 行政改變術

528.2　　112021921

作　　者／艾倫・凱茲丁（Alan E. Kazdin, Ph.D. with）
譯　　者／莊綉雲
選　　書／林小鈴
主　　編／陳雯琪

業務經理／羅越華
行銷經理／王維君
美術總監／陳栩椿
業務經理／羅越華
總 編 輯／林小鈴
發 行 人／何飛鵬
出　　版／新手父母出版 · 城邦文化事業股份有限公司
台北市中山區民生東路二段 141 號 8 樓
電話：02-2500-7008　傳真：02-2502-7676
E-mail：bwp.service@cite.com.tw
發　　行／英屬蓋曼群島商家庭傳媒股份有限公司城邦分公司
台北市中山區民生東路二段 141 號 11 樓
書虫客服服務專線：02-2500-7718；02-2500-7719
24 小時傳真專線：02-2500-1990；02-2500-1991
服務時間：週一至週五上午 09:30 ～ 12:00；下午 13:30 ～ 17:00
讀者服務信箱：service@readingclub.com.tw

劃撥帳號／19863813　戶名：書虫股份有限公司
香港發行／城邦（香港）出版集團有限公司
香港灣仔駱克道 193 號東超商業中心 1 樓
電話：(852)2508-6231　傳真：(852)2578-9337
電郵：hkcite@biznetvigator.com
馬新發行／城邦（馬新）出版集團 Cite(M) Sdn. Bhd.
41, Jalan Radin Anum, Bandar Baru Sri Petaling,
57000 Kuala Lumpur, Malaysia.
電話：(603)90563833　傳真：(603)90576622　E-MAIL：services@cite.my

封面設計／鐘如娟
製版印刷／卡樂彩色製版印刷有限公司

3 版 1 刷／2024 年 01 月 16 日
定　　價／380 元
ＩＳＢＮ／978-626-7008-74-4

城邦讀書花園
www.cite.com.tw
Printed in Taiwan

廣 告 回 信
台灣北區郵政管理局登記
北台字第10158號
免 貼 郵 票

104 台北市中山區民生東路二段 141 號 8 樓

城邦文化事業（股）公司
新手父母出版事業部

地址

姓名

請沿虛線摺下裝訂，謝謝！

新手父母

書號：SH0058Y　書名：正面教養，我把孩子變乖了！【最新修訂版】

新手父母出版　讀者回函卡

新手父母出版，以專業的出版選題，提供新手父母各種正確和完善的教養新知。為了提昇服務品質及更瞭解您的需要，請您詳細填寫本卡各欄寄回（免付郵資），我們將不定期寄上城邦出版集團最新的出版資訊，並可參加本公司舉辦的親子座談、演講及讀書會等各類活。

1. 您 買的書名：______________________
2. 您的基本資料：
   姓名：__________________（□小姐 □先生）生日：民國___年___月___日
   郵件地址：______________________________________
   聯絡電話：______________________________________
   E-mail：____________________ □有小孩 _____個（_____歲）□尚無小孩
3. 您從何處 買本書：________縣市__________書店
   □書展 □郵 □其他____________________
4. 您的教育程度：
   1.□碩士及以上 2.□大專 3.□高中 4.□國中及以下
5. 您的職業：
   1.□學生 2.□軍警 3.□公教 4.□資訊業 5.□金融業 6.□大眾傳播 7.□服務業
   8.□自由業 9.□銷售業 10.□製造業 11.□食品相關行業 12.□其他__________
6. 您習慣以何種方式 書：
   1.□書店 2.□網路書店 3.□書展 4.□量販店 5.□劃撥 6.□其他__________
7. 您從何處得知本書出版：
   1.□書店 2.□網路書店 3.□報紙 4.□雜誌 5.□廣播 6.□朋友推薦
   7.□其他________
8. 您對本書的評價（請填代號 1非常滿意 2滿意 3尚可 4再改進）
   書名_____ 內容_____ 面設計_____ 版面編排_____ 具實用 _____
9. 您希望知道哪些類型的新書出版訊息：
   1.□懷孕專書 2.□0~6 歲教育專書 3.□0~6 歲養育專書
   4.□知識 童書 5.□兒童英語學習 6.□故事 童書
   7.□親子遊戲學習 8.□其他
10. 您通常多久 買一次親子教養書籍：
    1.□一個月 2.□二個月 3.□半年 4.□不定期
11. 您已買了新手父母其他書籍：

    ____

    ____
12. 您對我們的建議：

    ____

    ____

    ____